Supermarket in Hawaii

ハワイのスーパーマーケット

永田さち子・文　宮澤 拓・写真

ハワイがもっと好きになる、スーパーマーケットにようこそ！

　ハワイのスーパーマーケットは、私にとって滞在中の生活に欠かせない存在。同時に、ふらりと立ち寄りのぞくだけで、いくつもの観光スポットを回ることと同じくらい、エキサイティングな場所です。
　だって、日本では高くてなかなか手が出ないトロピカルフルーツが山と積まれ、日本のものとどこか違う野菜や、鮮魚売り場に興味津々。デリコーナーを何往復もし、最後ははちみつやソースなどの「ビンもの」を、重いとわかっていてもつい買い込んでしまう。こんな経験を重ねているのは私だけでしょうか？

　ハワイへ行き始めたばかりのころは、わくわくして気持ちばかり先走って、見落としてしまうものがたくさんあったのだけれど、何回か訪れるうちにだんだんとわかってきたことがあります。
　ローカルのスーパーとアメリカ本土のチェーンストア、さらに同じスーパーでもロケーションによって雰囲気や商品構成がずいぶん違うこと。また、アメリカらしいグッズや、西海岸で流行りのライフスタイルをいち早く取り入れた食材が並ぶ一方で、アジアの、なかでも日本の懐かしい食習慣が色濃く残っているということです。日本で使い慣れた食材や調味料が見つからなかったり、お肉の部位の呼び名がわからなかったり、ドキドキしながらバルクセクションの量り売りを利用したり。ハワイのスーパーマーケットでは、訪れるたびに新発見とお勉強の連続です。

そのスーパーマーケットを、ハワイ本の相棒・フォトグラファーの宮澤拓さんと回りつくしました。ツーリスト目線で珍しいものやお土産を探す私の目、ハワイで暮らす生活者であると同時に、アーティスト目線でフォトジェニックな被写体を求める拓さんの目。そして私たちが好きな食べもの。ふたりの視点をぎゅぎゅっと1冊にまとめたのが、この本です。

　ハワイを訪れたら、スーパーマーケットに足を運んでみてください。普段使いの食材や日用品から、ハワイの人たちの好きなものや暮らしぶりが見えてくるはず。ハワイらしいとびっきりのお土産も見つかるはずです。私たちの本がそのお役に立てたら、
とてもうれしいです。

CONTENTS

ハワイがもっと好きになる、
スーパーマーケットへようこそ……002

PART 1 ハワイのスーパーマーケット、一挙ご紹介……007

The Must Go 5!
必ず行くべきテッパンの5軒……008

Whole Foods Market
ホールフーズ・マーケット……010

Whole Foods Market, Kahala
ホールフーズ・マーケット(カハラ店)……014

Whole Foods Market, Kailua
ホールフーズ・マーケット(カイルア店)……016

Target　ターゲット……020

Walgreens　ウォルグリーン……024

Don Quijote　ドン・キホーテ……030

Food Pantry　フード・パントリー……034

Shopping Hints 01 知っておきたい レジでのお作法……037

Local Supermarkets
ハワイ生まれのスーパーマーケット……040

Times Supermarkets
タイムズ・スーパーマーケット……040

Foodland　フードランド……044

Tamura's Fine Wines & Liquors
タムラズ・ファイン・ワイン&リカーズ……046

Mainland Supermarkets
アメリカ本土のスーパーマーケット……050

Safeway　セーフウエイ……050

Walmart　ウォルマート……054

Natural & Organic Supermarkets
ナチュラル&オーガニック・スーパー……056

Down to Earth
ダウン・トゥ・アース……056

Kokua Market
コクア・マーケット……060

Foodland Farms
フードランド・ファームズ……062

Celestial Natural Foods
セレスティアル・ナチュラル・フーズ……064

Speciality Supermarkets
個性的なスーパーマーケット……066

Palama Supermarket
パラマ・スーパーマーケット……066

Nijiya Market　ニジヤ・マーケット……068

Petco　ペットコー……070

ハワイのスーパーマーケット分類図……072

Shopping Hints 02 ハワイで大人気の健康ドリンク『KOMBUCHA』って?……074

PART 2 ハワイのスーパーマーケットでこれ買いたい!……075

Delicatessen
デリのごちそう料理……076

à la carte
デリの料理をセレクト……078

Poke
ハワイ風刺身、ポケ……080

Hawaii Loves LOVE'S
ハワイの人が大好きなLOVE'Sのパン……082

The Brand with the Hula Girl
フラガールが 目印のブランド……084

Where is the Shoyu?
メイド・イン・ハワイのアロハしょうゆ……086

ハワイアンソース
Hawaiian Sauces……088

Spam & Spam Goods
スパム & スパムグッズ……090

Hawaiian Salts & Spices
ハワイアンソルト & スパイス……092

Hawaiian Honey
ハワイのはちみつ……094

Coffee in Paradise
ハワイのコーヒー……096

For Chocolates Lovers
ハワイのチョコレート……097

Local Sweets
ハワイの定番おやつ……098

Juice is Good for You
のどを潤すハワイのジュース……100

Local's Favorite Snacks
ローカルが大好きなスナック……101

Granola & Oarmeal
グラノーラ& オートミール……104

Chips! Chips! Chips!
チップスいろいろ……106

Nuts! Nuts! Nuts!
ナッツいろいろ……107

Small Bites
小さなおやつ……108

Healthy Snacks
ヘルシースナック……110

Gluten-Free Foods
グルテンフリーの食品……112

Coconut Water & Oil
ココナッツウォーター & オイル……114

Hawaiian Cosmetics
ハワイアン・コスメ……116

Daily Necessities
生活用品……118

Kitchen Sundries
キッチン雑貨……120

Looks are Important
ジャケ買いアイテム……122

Shopping Hints 03 残念な思いをしないために
意外な落とし穴にご注意！
……126

PART 3 コンビニ、ドラッグストア＆
会員制スーパーを使いこなす！…127

Convenience & Drug Stores
コンビニ & ドラッグストア……128

Coco Cove
ココ・コーヴ……128

ABC Stores
ABCストア……132

Lawson Station
ローソン・ステーション……134

Longs Drugs
ロングス・ドラッグス……136

Membership Stores
会員制スーパーマーケット……138

Costco　コスコ……138

Marukai Wholesale Mart
マルカイ・ホールセール・マート……142

Shopping Hints 04 Farmers' Market 7 Days
毎日がファーマーズマーケット
……144

ゆるゆると時間が流れる
ワイキキの奇跡のような癒し空間
The Breakers Hotel
ブレーカーズホテル……148

ANAリゾートプロジェクトで
もっと楽しい! ハワイ旅……150

MAP
オアフ島全図／ハレイワ／
カイルア／ホノルル／ワイキキ……154

INDEX……158

住所、電話番号、営業時間、定休日、ウェブサイトなど、本書に記載のすべてのデータは、2015年5月現在のものです。その後の変動が予想されますのでご了承ください。掲載している商品の価格は取材時のもので、その特性上、変動いたします。また定休日以外のイレギュラーの休みなども含め、重要な事項については、訪れる際に事前にご確認ください。

006

PART 1
Supermarkets
in Hawaii

ハワイの
スーパーマーケット、
一挙ご紹介！

ハワイのスーパーマーケットはとてもバラエティ豊か。
国際派のチェーンストアからローカル色たっぷりの店、
もちろん本国のアメリカ系、
今ブームのナチュラル＆オーガニック系まで
まるでテーマパークのような楽しさです。
そのラインナップを一挙ご紹介！

The Must Go 5！
必ず行くべき テッパンの5軒

スーパー巡りの楽しさはもちろん
お土産ショッピングも
存分に楽しめる厳選
スポットです。

Whole Foods Market
ホールフーズ・マーケット

アメリカ生まれの自然派スーパーは、ここハワイでも大人気！

「ハワイへ行ったら、ホールフーズへ行きたいっ！」。こういう人は少なくありません。訪れること自体、すでにハワイ旅の一大イベント。それほど絶大な人気を誇るスーパーマーケットのオリジンは1978年、テキサスの州都オースティンで産声を上げた小さな自然食品店。2年後の1980年、地元のグロサリーストアと合併し、第1号店がオープンしました。今ではアメリカを中心にカナダ、ヨーロッパにも進出し360店舗以上を誇る国際的なブランドに成長し、最近では各地のホールフーズ巡りを楽しみに旅する"ホールフーズ・マニア"も増えているのだそうです。

人気の理由は、わくわくするようなディスプレイ。つやつやとみずみずしく、色とりどりの採れたて野菜や果物がアート作品のような美しさで並ぶかと思えば、デリコーナーには作りたての惣菜がずらり！ 肉や魚を選び、

好みの調理法で料理をリクエストすることだってできるのです。

　店内のすべての商品がナチュラルで、約半分がオーガニック。地元の生産者を応援し、経済効果を促すため、ハワイ産の食材を多く取り扱っているのも特徴です。高品質の商品を厳選しているので価格は他店より1〜2割高めですが、プライベートブランド「365 EVERYDAY VALUE」ならリーズナブル。食料品から日用雑貨までそろい、特にシャンプー＆コンディショナー、ボディケア製品、サプリメントなどがおすすめです。

　不定期ですが数ヵ月に1回、「ジョン・マスター・オーガニック」のボディ＆ヘアケア製品が日本の半額以下の激安価格で販売されることがあります。もし、山積みのシーンに遭遇できたらまとめ買いしちゃいましょう！

365 EVERYDAY VALUE
〈プライベートブランド商品〉

食から生活雑貨まで種類豊富なプライベートブランドの商品は、「365日、いつも一緒」がテーマ。高品質でデザインもクール。自分用にお土産用に、あれもこれもほしくなります。

TRY!

オーガニックのセサミシードオイル「タヒニ」。濃厚な練りゴマの風味ながら、オイル状なのでとっても使いやすい。ツナと混ぜてペーストにしたり、和風ゴマ和え料理にも。入荷とともにすぐ売り切れてしまう人気商品。($6.99)

高さ4cmほどの小さなパッケージのスパイスが20種類以上。(各$2.39)

オーガニックでこの価格はうれしい！パンケーキミックス ($4.99) と、はちみつ ($6.99)。

薄くてパリッパリの焼き上がりのトルティーヤは、食べ始めると止まらなくなります。サルサソースは辛口とマイルド、お好みで。(各$3.49)

メキシコ料理の定番、ブラックビーンスープ。容器に移し電子レンジで温めればすぐ食べられます。($3.99)

全粒粉パスタ($2.49)にはチーズ入りの濃厚なソース($3.99)が合います。

たまりしょう油風味の薄焼きせんべい。日本風のお菓子も人気。($4.99)

カプセル式コーヒーメーカー用のコーヒー豆。($9.99)

オススメ！

ジッパーのカラーリングがかわいいストックバッグ。料理好きの友人へお土産にしても喜ばれます。($3.39)

お値打ちでおすすめのボディケア製品。(各$4.49)

ホールフーズがオープンして以来、ハワイのスーパーではこの野菜の陳列方法をまねる店が増えたとか。

Whole Foods Market, Kahala
ホールフーズ・マーケット（カハラ店）

豊富な品ぞろえと、わくわくのデリに毎日でも通いたくなる

カハラモールにハワイ1号店としてホールフーズが初上陸したのは2007年のこと。以来、現地在住の女友達の多くがこぞって通っています。だって、肉や野菜、果物が「ほら、私を見て！」と語りかけてくるように並ぶのだもの、自宅の近所にこんなスーパーがあったら、毎日通いたくなって当然です。

地元の新鮮な食材を多く扱うだけでなく、ロケーションに合わせ商品構成を変えているのもこだわり。カハラ店ではオリジナルレシピで作るデリメニューが充実していて、惣菜のほか搾りたてのジュースも。

🗺 P.157／ホノルル
🏠 4211 Waialae Ave., Honolulu（カハラモール1F）
☎ 808-738-0820
🕐 7:00～22:00　休 無休
💻 www.wholefoodsmarket.com/stores/honolulu

ハワイ滞在中、週末の私の楽しみといえば、ダイヤモンドヘッドのふもとまで軽いジョギングがてら出かけ、帰りにここへ寄ってデリで朝ごはん。そのあと、お買い物に没頭するというもの。特に買いたいものはなくても、店内を眺めて回るだけでわくわくしてくる。それがカハラのホールフーズです。

$20～500まで、好みの金額を入金できるギフトカード。こんなプレゼントをもらったら、うれしすぎます！

アメリカでブレイク中の水出しアイスコーヒー。ボトルのデザインもクール！（$8.95）

ベーカリーコーナーには焼きたてパンが並びます。（$2.99）

カプレーゼ・サラダ（左：$8.50）と、コンテチーズ（右：$10.50）。『MADE RIGHT HERE』のシールがあるものが、カハラ店のオリジナルレシピ。

搾りたてのフレッシュジュースとハーブウォーター。（$3.99〜5.99）

オーガニックの発酵バターの安さに感激！（$8.99）

Whole Foods Market, Kahala

015

店内に焙煎機があるのはハワイのホールフーズでここだけ。日替わりで煎りたてが並び、ほしい量を計って買えます。

『Love LOCAL』のサインは、地元ハワイの食材を使ったもの。どれも美味しそう！

手作り石けんも量り売り。紙袋が備えてあり、自分で詰めて購入します。

カイルア店の特徴は、このバーコーナー。焼きたてのピザやデリの料理をビールやワインと一緒に楽しめます。

ハワイ産のはちみつは、自分で専用のペットボトルに詰めて。(1ポンド$9.99)

虹をモチーフにした壁面のディスプレイ。地元産野菜は、島のどの農園から届いたものかわかるようになっています。

Whole Foods Market, Kailua
ホールフーズ・マーケット（カイルア店）

デリの料理を食べながらお酒も飲める
ビーチタウンの人気スポット

P.155／カイルア
629 Kailua Rd., Kailua
808-263-6800
7:00～22:00　（ハッピーアワー月～土 16:00～19:00）無休
https://www.wholefoodsmarket.com/stores/kailua

　あまりの美しさから「天国の海」と呼ばれるラニカイビーチがあるカイルアまでは、ホノルルから車で30分ほど。そのビーチタウンで人気スポットのひとつがここ。高い天井と自然光が差し込む開放的な店内、壁に風景や植物が描かれ、よりハワイらしさを感じられるつくりになっています。カイルアまで足を延ばしたら、ビーチやタウン散策とともに、この店を訪れることはお約束のようなもの。

　地元ハワイの生鮮食材の取り扱いがカハラ店より多く、ポイ（タロイモをつぶして発酵させたもの）や、ラウラウ（魚や肉をバナナの葉で包み蒸し焼きにしたもの）といったハワイアンの伝統料理も並びます。

　そして圧巻はバルクセクション。「バルク」とはバラ売り、量り売りのこと。パッケージされた商品が多い日本と違い、アメリカでは主流のシステムですが、穀類やシリアル、パスタ類のほか、シャンプーやコンディショナー、はちみつにまでも採用する徹底ぶりに驚かされます。ほしいだけ買えるから、ちょっとずつ試してみたい場合も便利。といいつつ、ついあれもこれもとよくばって買い過ぎてしまうのですけどね。

店内の一角を占めるバルクセクション。穀物、ナッツ、パスタ、シリアル、ドライフルーツなど200種類以上が並び、自分で計量し袋につめて購入します。

Eco Bags 〈エコバッグ〉

絶大なる人気を誇るエコバッグ。ハワイ州では2015年7月からスーパーのレジ袋使用禁止が決まり、お買い物に必携。ますます人気が高まりそうです。

丈夫なキャンバス素材のトートバッグ。マチがたっぷりあり、少々重たいものを入れても大丈夫。(各$24.99)

「ミツバチにチャンスを！」のキャッチが入ったキャンバスバッグ。世界中で減少が心配されているミツバチを保護する運動をPRするために作られたもの。($3.99)

ポピュラーな不織布製エコバッグ。ハワイ各店のほか、ロサンゼルス、パリなど世界の主要な店舗のオリジナルデザインがそろっています。(各$2.99)

リサイクルペーパー製ショッピングバッグを大切に持ち帰りコレクションする人も（じつは私もそのひとり）。ハロウィン、クリスマスなどには限定デザインが登場します。

Target
ターゲット

ファッションからインテリア雑貨まで そろうスタイリッシュなスーパー

🗺 P.155／オアフ島全図
🏠 4380 Lawehana St., Honolulu
☎ 808-441-3118
🕐 8:00～24:00（日～23:00） 無休
💻 www.target.com/sl/Oahu-Honolulu-West-Store/2410

　壁面に描かれたまっ赤な「的」のロゴマークを見ただけで、誰だってお買いもの心に火がつくはず。食料品はもちろん、ファッションアイテムからインテリア用品、DVDや書籍、ペット用品まで扱う全米チェーンのディスカウント・スーパーです。同様のお店に「ウォルマート」（P.054）がありますが、こちらのほうがスタイリッシュなものが見つかります。
　プライベートブランドもカラフルなキッチン雑貨があるかと思えば、環境に配慮したラインも。ポップなスナック類が並ぶ一方でオーガニック、NON-GMO（非遺伝子組み換え）の食料品が充実し、ライフスタイルによって選択肢が多いことも魅力です。
　オアフ島には現在、このソルトレイク店とコ・オリナ・リゾートに近いカポレイ店、2015年3月にオープンしたばかりのカイルア店の3店があります。ザ・バスでは少々、行きにくい場所にあり、帰りの荷物を考えるとレンタカーで行くのがベスト。旅行会社が催行する、ワイキキからのオプショナルツアーを利用するのもいいでしょう。

とにかく広い！　グループで行くときは、はぐれたときの待ち合わせ場所と時間を決めておくこと。入り口近くにハワイ雑貨コーナーがあり、お土産探しに便利。

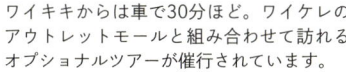

The Must Go 5! Target 021

Target, Kailua
ターゲット（カイルア店）

駐輪場が整備されているカイルア店。他店よりハワイの雑貨やローカルフードが多く並んでいます。

- MAP P.155／カイルア
- 345 Hahani St., Kailua
- 808-489-9319
- 8:00〜22:00（日〜21:00）
- 無休

ワイキキからは車で30分ほど。ワイケレのアウトレットモールと組み合わせて訪れるオプショナルツアーが催行されています。

Daily Goods 〈生活用品〉

香りもカラーも豊富な洗剤があれば
家事を楽しくこなせそう。
パッケージのデザインにもひかれます。

「ミセス・メイヤーズ」の家庭用洗剤。一番人気のハンドソープ（左から2番目）は、肌がもちっと潤うような洗い心地。（$4.99～9.89）

食器用洗剤とハンドソープは、ボディケア用品のようにおしゃれなボトル。
（各$6.29）

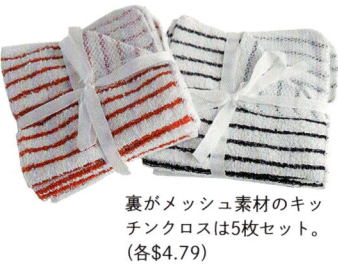

裏がメッシュ素材のキッチンクロスは5枚セット。
（各$4.79）

パーティグッズが豊富にそろうのは、さすがアメリカ。しかも安い！（$2～3）

ピーチ＆アーモンドと、チェリーの香りの食器用洗剤。（左：$2.49、右：$3.04）

Groceries 〈食料品〉

プライベートブランドと
ナチュラル＆オーガニックに注目！

スティックのなかのビーンズを牛乳に溶かすとフレーバーミルクに。容器はそのままストローとして使います。(各$2.69)

オーガニックのハーブティー。
(左:$5.99、右：$7.49)

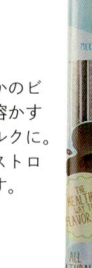
オススメ！

プライベートブランド「シンプリー・バランス」のグラノーラも非遺伝子組み換え。(各$3.99)

アメリカの朝食の定番、オートミール。「NON-GMO」とは、遺伝子組み換え原料を含んでいない食品という意味。(各$5.99)

「ダニエル」のドライフルーツは、かみごたえがあり濃厚な味。特にバナナが人気です。(各$3.79)

Walgreens
ウォルグリーン

P.156／ホノルル
1488 Kapiolani Blvd., Honolulu
808-949-8500
24時間 無休
www.walgreens.com

フード&お土産が充実！　新コンセプトのドラッグストア

　ウォルグリーンは全米一のドラッグストア・チェーン。アメリカ、カナダを中心に展開する8000店舗以上のうち、高級志向のフラッグシップストアが15軒あり、その1軒が2015年2月、ハワイにオープンしました。
　店内に入ってまず目を引くのはお弁当、サンドイッチ、カットフルーツなどが整然と並ぶフードセクションとイートインスペース。その奥にはコーヒー、パンケーキミックス、はちみつといったハワイのお土産が、さらにワインとビールのリカー類、チーズ、生ハムなどがずらり。グロサリーストアさながらの光景です。いちばん目立つ場所にフードセクションを持ってきたのは、「健康は食事から始まる」が店のコンセプトだからだそう。
　2階は薬、サプリメント、化粧品のフロア。ハワイ初上陸の高級化粧品が並ぶセクションにはビューティーアドバイザーがスタンバイし、ネイルサロンまで設けられています。
　ツーリストが必要とするアイテムが1階の入り口近くにギュギュっとまとまっているから、急いで買いものしたいときも便利。コンビニとカフェ、スーパーとドラッグストアのいいとこどりのような店なのです。

アラモアナ・センターの山側から通りを1本隔てた向かい側。ガラス張りの外観が存在感を放ちます。

自然光がいっぱいに差し込む店内。1階はハワイの海を、2階は山をイメージしてます。

026

1階フードセクションのドリンクバー。

2階のドラッグストア。処方箋の受付もあります。

お寿司などのお弁当はイートインスペースで食べられます。

ゆったりくつろげる、2階のネイルサロン。

Well at Walgreens 〈プライベートブランド商品〉

メジャーブランドと似ているようで少し違うプライベートブランド「ウエル・アット・ウォルグリーン」は、リーズナブルで優れものぞろい。

サンスクリーンは、手が届きにくい体の裏側もムラなく塗れるスプレータイプがおすすめ。($5.49)

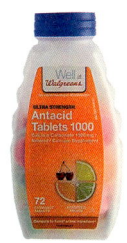

胃酸を中和するサプリメントは、胸焼けがするときに。($5.99)

食物繊維入り、フルーツ味のグミ。($7.99)

アロエ成分入りで手肌にやさしいハンドサニタイザー。($3.49)

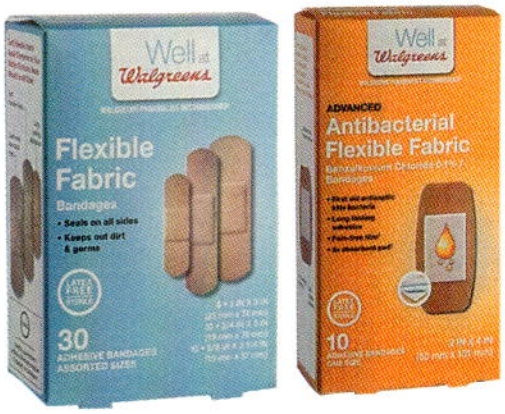

大・中・小、3サイズ入りの絆創膏（左：$3.39)。抗菌効果が高いウェットタイプも（右:$3.79)。

コロンとかわいらしい形のリップクバームは、ミツロウ入り。($2.99)

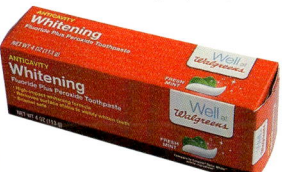

グリップが持ちやすくカラフルな歯ブラシ($4.49)と、歯磨きペースト($3.99)。

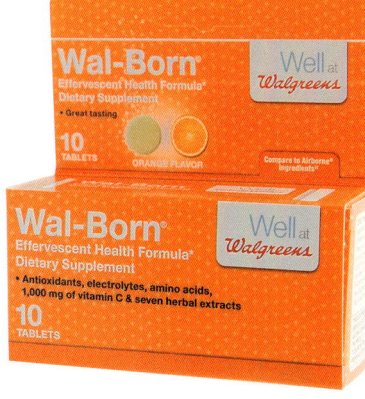

ご本家の「エアボーン」(P.028)をもじって、その名も「ウォルボーン」。免疫力をアップするサプリメントです。($6.99)

The Must Go 5 !　027　Walgreens

Handy Items 〈お役立ちグッズ〉

靴ずれも、小さな傷も、子どもの風邪も、これがあれば安心。
もちろん、お土産探しにも楽しいグッズがいっぱい！

これがご本家の「エアボーン」。旅行や出張の多い人の愛用サプリとして絶大な人気。（右：チュアブルタイプ$9.49、左：$8.99）

持ち歩きに便利、スプレータイプの小さな消毒液。($8.49)

幼児用のせき止めシロップ。($8.79)

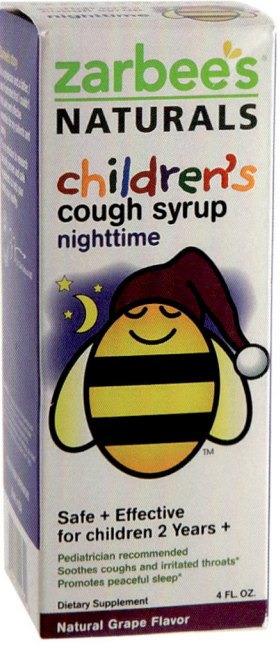

寝不足時の赤目を解消する目薬。($8.99)

スティックタイプの靴ずれ防止クリーム。($9.99)

こちらも幼児用。機内の気圧差で耳が痛くなったときと(左)、急な風邪に。(各 $7.99)

ハワイ初上陸のフランス産ナチュラルコスメ「クヴォン・デ・ミニム」。美容液(左:$18.99)と、モイスチャークリーム(右:$24.99)

「ニベア」のリップバーム缶は500円玉くらいのミニサイズ。(各$4.49)

ミニサイズのオイル。シャワー後の全身＆髪の毛のケアに。(各$4.49)

コリや痛みも和らげてくれるバスソルト。($5.99)

「ダウニー」のしわ取りスプレー。($3.49)

アメリカ版・まごの手。まとめ買いがお得です。(各$3.39、3本$10)

Don Quijote
ドン・キホーテ

MAP P.156／ホノルル
801 Kaheka St., Honolulu
808-973-4800
24時間　無休
www.donki.com

おなじみの激安スーパーは日本食材＆お土産が安くて豊富

激安のディスカウントストアとしておなじみの「ドンキ」。ハワイでは日本に比べ生鮮食料品が豊富です。たとえば、冷奴やそうめんの薬味に欠かせない大葉、日本人好みの薄くてもちっとした餃子の皮は、ハワイではなかなか見つからないのですが、ここへ来れば確実に手に入ります。レンコン、ゴボウの根菜類は太くて立派。味噌、納豆、豆腐や魚介類、欧米の人があまり食べないモズクなどの海藻類もそろっています。

じつはこの店、10年ほど前までは日本のスーパー「ダイエー」の名称で営業をしていました。食料品とともに生活雑貨、お酒、電化製品まで扱い、なかでも日本風のお弁当が安くておいしいと評判だったのです。「ドンキ」に変わってからも商品構成はほぼ変わらず、ローカルの人たちに親しまれています。

店内に入って正面にチョコレートやマカダミアナッツが山積みになったハワイ土産コーナーがあり、アメリカっぽいスナック類もたくさん。店の外にはプレートランチ店が並び、カレー、ラーメン、お好み焼きや韓国料理と、こちらもバラエティ豊か。温かいうちに食べられるイートインスペースもあります。

安くてバラエティに富んだ品ぞろえ。コンドミニアム滞在や、お土産のまとめ買いにも便利。

Japanese Food 〈日本食材〉

日本食材はアメリカ製が中心ですが、日本からの直送品も。
豆腐と納豆は、ローカルのハワイ産がおすすめです。

「アロハトウフ」製の厚揚げ($3.29)と納豆($1.69)。納豆好きのローカル、意外に多し。

日本料理店のシェフが指名買いする「アロハトウフ」。「FIRM」は木綿、「SOFT」が絹ごしです。(各$2.89)

化学調味料不使用のカップみそ汁はアメリカ製。($1.29)

日本でおなじみのブランドですが、缶カレーはアメリカ限定。($3.79) TRY!

032

Local Favorites 〈ローカルが大好きな味〉

ハワイのちびっこたちに大人気のおやつ。
いかにもアメリカっぽいパッケージにジャケ買い必至！

キャンディ、チョコボール、
グミも定番おやつ。
($0.88〜1.99)

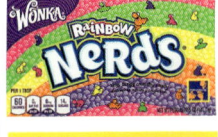

水に溶かすだけ
の粉末ジュース。
ハワイらしいフ
レーバーがそろ
っています。
(各$1.99)

バナナチップスは、クリスピーな
食感と濃厚な甘み。($1.79)

ヘーゼルナッツクリ
ームとスティックパ
ンがひとつになった
「ヌテラ・トゥー・
ゴー」。($2.49)

The Must Go 5！　Don Quijote　033

Food Pantry
フード・パントリー

📍 P.156／ワイキキ
🏠 2370 Kuhio Ave., Honolulu
☎ 808-923-9831
🕐 6:00～翌1:00
休 無休

ほとんどの人がお世話になる
ワイキキ唯一のスーパーマーケット

　生鮮食料品からお酒、日用雑貨、お土産やビーチグッズまでそろうスーパーは、ワイキキエリアでここだけ。コンビニでも生鮮食料品を扱う店はあるけれど、品ぞろえの豊富さではかないません。郊外のスーパーに比べ割高なのは否めませんが、ビールやミネラルウォーターはコンビニよりちょっぴりお買い得。ワイキキ内のホテルから深夜に歩いて出かけても安全なロケーションも魅力です。

　来店者のほとんどがツーリストという場所柄、カットフルーツ、パックのサラダや総菜、少量パックのチーズやハムなど、すぐ食べられるフード類が充実しています。ビーチ帰りの人が集中する夕方近くになるとレジが大混雑するので、ドリンク類やスナック、フルーツ程度なら、クヒオ通り沿いに設けられた「Food Pantry Express」が重宝します。

　ワイキキの西側（アラモアナ寄り）のホテルに滞在する場合、「Eaton Square」というコンドミニアムにもう1店舗あり、こちらのほうが近くて便利。店は小さいけれどハワイのお土産もひと通りそろっています。

034

ツーリストの使い勝手を意識した品ぞろえ。帰国前夜、お土産の買い忘れに気づいたときも頼りになります。

ワイキキビーチからワンブロック山側。目の前にザ・バスの停留所があります。

Breakfast & Omiyage 〈朝食＆お土産〉

カットフルーツやスナック類は
キッチンのないホテルに滞在する場合や
部屋飲みに便利。定番のハワイ土産も任せて！

朝食はここで調達。ベーグル（$7.99）、スムージー（$4.29）、カットフルーツ＆チーズ（$6.99）。

パンケーキミックスはハワイらしいパッケージやフレーバーをチョイス。（左：$2.79、左：$2.29）

パンケーキミックスとセットで買いたいシロップ。（左：$7.89、右：各$5.69）

Shopping Hints 01

知っておきたい
レジでのお作法

日本とは少し異なる、ハワイのスーパーのお会計方法。
事前に知っておけば、戸惑う心配はありません。

購入商品は自分でベルトコンベアに

　ハワイに限らず、海外のスーパーではレジにベルトコンベアがあり、そこにお客さんが自分で商品を並べる方法が主流。前後の人の商品と混ざらないよう、ベルトの横に置いてあるバーで仕切ります。

　少量のお買いものをする人のために用意されているのが「エクスプレス・レーン」。また、自分で商品をスキャンする「セルフ・チェックアウト」は、「レジのお仕事体験」みたいな気分がなかなか楽しい。ぜひ一度、トライしてみてください。

カゴから自分で商品を取り出して、ベルトコンベアの上に並べます。

エクスプレス・レーンを利用できる購入点数は、8点以下、10点以下などお店によって異なります。

自分でお会計できるセルフ・チェックアウト。使い方を覚えると便利です。

価格表示はほとんどがポンド（453.6ｇ）単位。秤で計量すれば、どのくらいの価格になるかわかります。

バルクセクションの使い方

　ほしいものを必要な量だけ自分で計って購入できるバルクセクション。シリアル、パスタ、穀物などのほか、お店によってはハーブやスパイス、その場でピーナッツを挽いて作るフレッシュなピーナッツバター、食べ物以外ではボディソープ、エッセンシャルオイルなどの量り売りもあります。

　購入方法は、専用袋か容器にほしい量を入れ、留め具かシールに商品番号を記入してレジへ持って行きます。

037

038

039

Local Supermarkets

ハワイ生まれの スーパーマーケット

多民族の島に根づいた食文化が見え隠れして興味津々。

通りを1本隔てると、「ホールフーズ・マーケット」(P.014)があるカハラ・モール。両方まとめてチェックすると、違いがわかっておもしろい。

Times Supermarkets
タイムズ・スーパーマーケット

📍 P.157／ホノルル
🏠 1173 21st Ave., Honolulu
☎ 808-733-2466
🕐 6:00～23:00 休 無休
🌐 www.timessupermarket.com

**日系移民が創業。ロープライスに
こだわる地元密着型スーパー**

　1949年、沖縄から移り住んだ日本人が、さとうきびプランテーションの隣にオープンした店がオリジン。現在、オアフ島にはホノルルを中心に17店舗あり、地元密着型の庶民的なスーパーとして親しまれています。ホールフーズのように「Local」を声高にうたっているわけではないけれど、野菜、魚、調味料やスナック類もハワイのものを多く扱い、低価格にこだわっているのが特徴です。

　店内を歩いてみると、商品のセレクションにハワイと日本とアメリカ、さらにアジアの国々のテイストが絶妙にミックスしていることがわかります。ハワイ料理の惣菜があるかと思えば、アメリカらしい派手なデコレーションのケーキがあり、その隣りに日本の大福によく似た「Mochi（モチ）」も。昭和の香り漂う日本食材の懐かしさにつられよ～く観察してみると、なんだかへんてこな日本語表記が目につき、突っ込みどころ満載！　そこがまたおもしろくて楽しく、ハワイの人の食生活とともにおおらかさが伝わってくるような、愛すべきスーパーです。

すぐ食べられる総菜がたくさん。平日の昼間はテントの下で焼いたステーキをプレートランチにして販売しています。

Local Foods 〈ローカルフード〉

ハワイと日本＆アジアのミックス文化から生まれた突っ込みどころ満載のへんてこ（？）フード。ひやかしで見てまわるだけで、と〜っても楽しい！

042

マウイオニオンのピクルスは、しゃきしゃきとした歯ごたえの浅漬け。「NAPPA ZUKE」(白菜)、「TAKUAN」(たくあん)も。($5.79)

TRY!

塩味と辛みが効いたポルトギースソーセージ。卵料理に添えたり、刻んでチャーハンに入れたりします。(各$3.98)

「ポイ」とはタロイモをペースト状にし発酵させた伝統食(左：$5.79)。現代風にアレンジし、グラノーラにかけて食べるスタイルが登場(右：$5.49)。

沖縄出身の人が多いハワイでは、こんな麺類が人気。($2.68)

みかんの缶詰(左：$2.09)とイカのしょうゆ漬け($3.38)。そこはかとなく昭和の香りが…。

オススメ！

ハワイのほとんどのスーパーで見かける「ダイヤモンドベーカリー」のクラッカーは、素朴で懐かしい味。チーズとも相性バツグンです。($3.29)

寿司屋をイメージ？ワサビ＆ショウガ味に甘酢をプラス。($3.78)

ハワイ産ミルクはアメリカ本土のものに比べ割高ですが、鮮度は保証付き。($4.98)

ローカルの定番おやつ「マエボー」のワンタンチップス入りクッキー。($4.49)

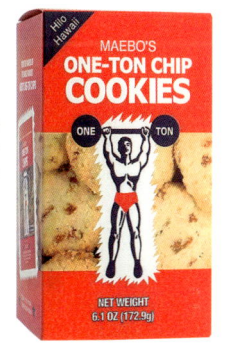

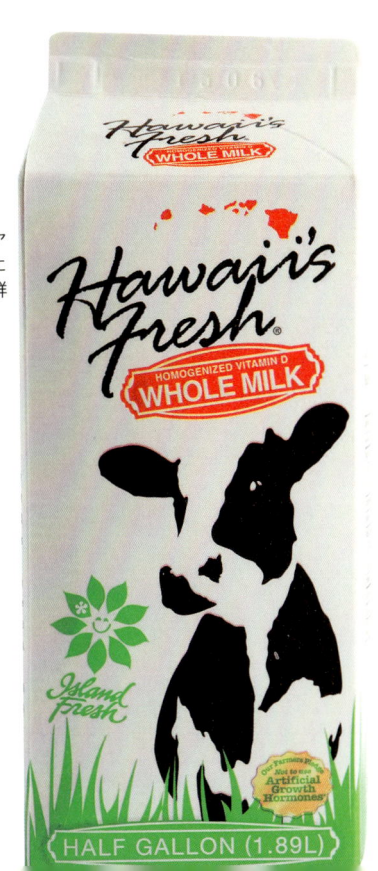

Times Supermarkets

Local Supermarkets　043

Foodland
フードランド

🗺 P.157／ホノルル
🏠 2939 Harding Ave., Honolulu
　（マーケット・シティ内）
☎ 808-734-6303
🕐 24時間　休 無休
💻 www.foodland.com

ハワイで最初の本格スーパーでは会員になってお得にお買いもの

　タイムズ（P.040）よりアメリカ色を強く感じるのがフードランド。それもそのはず。創業者はペンシルバニア出身のモーリス・サリバン氏。1948年、ハワイ初の本格的なスーパーとしてこの場所に1号店をオープンしました。つまりここがフードランド発祥の地。ワイキキのフード・パントリー（P.034）、ココ・コーヴ（P.128）も系列店で、現在ではハワイ最大のスーパーチェーンに成長しています。

　店内には銀行、ベーカリー、コーヒーショップを併設し、デリコーナー、ポケがずらりと並ぶシーフードセクションも圧巻です。

　多くのスーパーで実施しているメンバープログラムは、割安な会員価格でお買いもので、購入金額に応じてポイントがたまるというもの。ハワイのIDがないと入会できない店もあるのですが、ここはレジで10ケタの電話番号を告げるだけでOK（携帯電話の場合、アタマの0を取る）。登録すると、その日から会員価格が適用されます。ポイントによって特典があるので、ロングステイや年に何度もハワイへ出かける人にとって利用価値あり。

Foods on My Mind!
〈気になった食べもの〉

アメリカっぽいものも、ハワイ限定の食べ物も見つかる。そのなかから気になったアイテムをチョイスしてみました。

水を加えて焼くだけで、ハッシュブラウンができ上がり。こういうクイックフードは、いかにもアメリカっぽい。（$2.39）

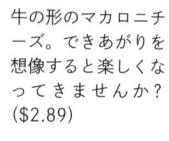

アメリカ製のカップヌードル。日本にはないフレーバーです。（$0.99）

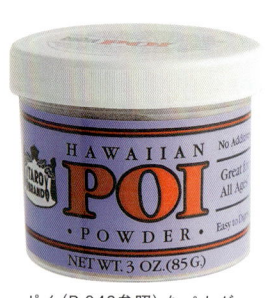

ハワイのスーパーフード、ノニのサプリメント。（$16.99）

ポイ（P.042参照）をパウダー状にしたもの。パンケーキミックスやヨーグルト、スムージーに混ぜます。（$6.69）

牛の形のマカロニチーズ。できあがりを想像すると楽しくなってきませんか？（$2.89）

上：デリコーナーは、どれもパッケージが大きい！
下：果物や魚介は地元のものを多く扱っています。バルクセクションも充実。

週末は、お酒やおつまみを大量買いする人で、パーキングが大混雑します。

Tamura's
Fine Wines & Liquors
タムラズ・ファイン・ワイン&リカーズ

ハワイのナンバーワン・ポケ&
稀少なお酒を買うならここへ！

P.157／ホノルル
3496 Waialae Ave., Honolulu
808-735-7100
9:30～21:00（日～20:00）、ポケコーナー 10:30～20:45（土9:30～20:45、日9:30～19:45）　無休
www.tamurasfinewine.com

　ハワイ滞在中、私も2～3日に1回は必ず通う店。お酒とともにポケやエダマメを買って友人宅に持参すると、それはもうみんなが大歓迎してくれるのです。

　名前からもわかるように、創業者は日系人。ご本家は「タムラ・スーパーマーケット」の名で総合スーパーとして営業し、そのリカー&グロサリーの専門店がここ。

　おすすめは、冒頭でも紹介したポケ。「ポケ」とは小さく切った魚介をしょう油やごま油、スパイスで味つけしたハワイ風の刺身で、「アヒ」と呼ばれるマグロが定番です。この店ではハワイ近海で捕れた生のマグロを使っていて、フレッシュなうえ店オリジナルレシピの味つけも絶妙。地元誌の読者が選ぶグルメ・アワードで第1位を獲得するほどの名物メニューなのです。

　お酒の種類は3000アイテム以上。ハワイ産のビールやワイン、ウォッカのほかメインランドの蔵元から直接買いつけた稀少なウイスキー、日本酒や焼酎もそろっていて他店より割安。チーズ、サラミなどのセレクトも良く、お酒好きのハートをぎゅっととらえて離しません。

コンパクトな店内ですが、お酒の品ぞろえはハワイー。世界中のビールやワイン、珍しいお酒もあり、スタッフに声をかけるとていねいに紹介してくれます。

新鮮な生マグロ（アヒ）のほか、タコ、サーモンもおすすめ。すべて試食でき、4分の1ポンド（約113g）から買えます

From the Poke Bar 〈ご自慢のポケバー〉

ローカルの食通も絶賛する味。お好きなポケをご飯にのせる「ポケ丼」に、ランチタイムは行列ができます。

お好きな味つけのポケをご飯にのせてポケ丼に。($9.29)

ポケと並んで人気の「ソイビーン（エダマメ）」。ガーリックしょうゆ味は、ビールにぴったり！（1ポンド$5.99）

Tamura's Recommendation
〈お店がおすすめする、この１本！〉

お店のスタッフ、イチオシのお酒を教えてもらいました。
蔵元直送のウイスキーは、ほかでは手に入りません。

オアフ島で作られている、ココナッツのウォッカ。($21.99)

マウイ島産のサトウキビから作られたラム酒。($21.69)

「フラ・オ・マウイ」はマウイ島のパイナップルから作られたスパークリング・ワイン。ドライで魚介料理とよく合います。($19.99)

「ドベル」のテキーラのなかでも稀少な「ディアマンテ」。($39.59)

蔵元から直接買いつけた「ジャック・ダニエル」のシングルバレル。($44.59)

ラベルのイラストが美しい、ハワイ島のクラフトビール。(各$8.99)

Local Supermarkets　049　Tamura's Fine Wines & Liquors

Mainland Supermarkets
アメリカ本土の スーパーマーケット

大きな塊のお肉に圧倒され
ポップなパッケージに
心躍る！

Safeway
セーフウェイ

📍 P.155／オアフ島全図
🏠 377 Keahole St., Honolulu
☎ 808-396-6337
🕐 24時間 休 無休
💻 www.safeway.com

ジャケ買いしたくなるオリジナル商品とメガサイズのフードにわくわく！

アメリカ西海岸生まれのスーパーは、ローカルの店より洗練された雰囲気。特に野菜売り場はミュージアムのような美しいディスプレイで目を楽しませてくれます。

プライベートブランドのバリエーションがとにかく豊富。頭文字の「S」のロゴが目印のものだけでもいくつかあり、「セーフウェイ・キッチン」はデイリーフード、「ファームズ」は直営農園の野菜、生活雑貨は「ホーム」。さらにプレミアムフードの「セレクト」、オーガニック食品の「オーガニクス」、放牧牛、平飼いのチキンを材料にした「オープン・ネイチャー」などの高級路線もそろっています。

一方で、地元ハワイの食材に力を入れていて、オアフ島で採れるオーガニック野菜だけで120種類以上。これからもっと増やしていく予定があるそうです。

ここで紹介しているのはハワイカイの店ですが、ワイキキからだとカパフル店が便利。マラサダの「レナーズ」、ハワイ料理の「オノ・ハワイアン・フード」など人気店が並ぶ通りにあるので、あわせて訪れてみて。

ここは、ワイキキから車で20分ほど離れたハワイカイ店。オアフ島内に14店舗あり、ワイキキから近いのはカパフル店（P.053参照）。

052

"アメリカ"を実するモノがいっぱい！ アンガスビーフのステーキ肉100g 200円ほど。

Foods on My Mind!
〈気になるフードをセレクト〉

直径30cm以上あるピッツァが$6以下。($5.99)

1.36kgのハムの缶詰($11.49)。2.27kgの缶はさらに割安！($15.49)

ヨーグルトのパッケージデザインを眺めるだけでも楽しい。($1.15)

乳製品のオリジナルブランド「ルツェルン」。ほかに牛乳、バター、ヨーグルトも。($6.99)

コテコテのアメリカン・スーパーかと思ったら、意外にもハワイ産のオーガニック野菜が多く並んでいます。

Mainland Supermarkets

迫力あるパッケージのBBQソース。($5.99)

エッグベネディクトに、オランデーズソース缶。($4.19)

ディップソースのパウチは使いきりサイズ。(各$1.99)

エビやカニをゆでるとき加えれば、たちまちケイジャン風味に。($5.59)

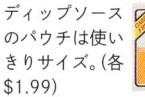

ココもチェック！

Safeway, Kapahulu
セーフウエイ（カパフル店）

ワイキキからいちばん近い店舗はここ。カパフル通りの人気店が密集するエリアにあります。

- P.157／ホノルル
- 888 Kapahulu Ave., Honolulu
- 808-733-2600
- 4時間　無休

Walmart
ウォルマート

これぞアメリカ！の激安スーパー。
お土産のまとめ買いはここで

MAP P.156／ホノルル
700 Keeaumoku St., Honolulu
808-955-8441
24時間　無休
www.walmart.com

　アメリカを中心に、アジア、南米、ヨーロッパに1万店舗以上を有する世界最大級のスーパーマーケット・チェーン。食料品、生活雑貨はもちろん、衣料品、寝具、スポーツ用品から電化製品に至るまで生活に必要なあらゆるものがそろい、しかも安い！　留学や赴任でハワイに暮らす場合、まずここで生活用品をそろえる人が多いのだそうです。

　ツーリストにとって魅力的なのは、ハワイの定番土産の箱売り、セット売りが充実し、まとめ買いをするとお得になること。ビーチグッズ、カジュアルウエアの現地調達もOK。アメリカっぽいパッケージの洗剤やキッチングッズを眺めて歩くのもなかなか楽しいものです。友人のなかには、ハワイ滞在中に必要なものはほとんどここで購入。さらに帰国時に日本で使う生活雑貨や、羽毛布団まで買って帰ってきたツワモノもいました。

　アラモアナ・センター山側からケアモク通りを歩いてわずか3〜4分。交差点から看板が見え、この店に向かう人の列が続いているので迷う心配はありません。

通りの一角を占める広大な店舗。
ファストフード店も併設しています。

Omiyage 〈お土産〉

倉庫のような店内でお土産のまとめ買い。
帰りのパッキングに困らないよう
買いすぎにご注意を。

マカダミアナッツ（各$4.48）は、6個入りのパック（$21.98）がお得。

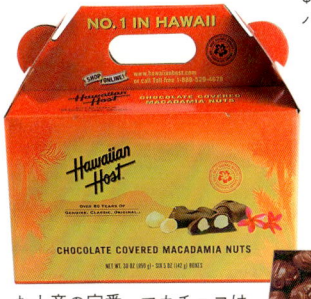

お土産の定番、マカチョコは、ブランドやナッツの大きさで価格が違うからよ～く吟味して。（左：5箱パック$17.44、右：$3.48）

ハイビスカス柄のステンレスボトル。（$7.51）

「ハーシーズ」と「マウナロア」がコラボしたハワイ限定キスチョコ。（$4.36）

ビーチサンダルは現地調達で。（$3.88）

ハワイのコーヒーといえばコレ。バラマキ用に小サイズの6パック入り。（$11.58）

ベビー用のフード。（左：$1.46、右$1.92）

Natural & Organic Supermarkets

ナチュラル＆オーガニック・スーパー

健康志向の人が集まるスーパーには、発見がいっぱい！

「健康な暮らしは環境にやさしい」がコンセプト。1977年のオープン以来、ハワイで暮らすベジタリアンの暮らしを支えてきました。

Down to Earth
ダウン・トゥ・アース

ハワイで唯一のベジタリアン・スーパー。食べ応えのあるデリメニューもおすすめ

MAP P.157／ホノルル
2525 S. King St., Honolulu
808-947-7678
7:30 〜 22:00　休無休
www.downtoearth.org

キング・ストリートは、健康志向やベジタリアンの人たちが集まることで知られるエリア。その理由のひとつが、この店の存在です。ホールフーズ（P.014）が上陸する以前から、ハワイの健康＆オーガニック・ブームをけん引しています。

扱うのはベジタリアンフードのみ。生鮮食料品にはもちろん、冷凍食品にも動物性脂肪は含まれていません。デリコーナーに並ぶ料理もすべてベジタリアン仕様ですが、見た目のボリューム、食べ応えともしっかりあって、そのうえおいしい！　イートインスペースがあるので、温かいうちに食べることができます。また野菜や果物はできる限りハワイ産、しかもオーガニック、NON-GMOのものを扱っているそう。ストイックなベジタリアンの友人いわく、「この店のものは安心して食べられるわ」というほど、ローカルからの信頼度も絶大です。

ハワイ産のコスメとともに、話題の健康食品やオーガニックコスメがいち早くそろうウェルネスセクションも要チェック。専門知識が豊富なスタッフが常駐し、使用方法などをていねいに教えてくれます。

商品の情報をできる限り公表する姿勢にも好感が持てます。形が不ぞろいで見た目が良くなくても、安心なうえおいしい。

Natural & Organic Supermarkets

Down to Earth

057

Beverages for Beauty & Wellbeing
〈美容&健康ドリンク〉

ハワイは今、健康ドリンク・ブーム。「コンブチャ」(P.074)、チアシード入りはその代表です。パッケージからして、なんだか体によさそう！

発酵菌を使った「コンブチャ」は、どんどん種類が豊富に。($5.39)

水出しコーヒー人気の火つけ役ともいわれる「カメレオン・コールド・ブリュ」。(各$8.69)

薬用ハーブ「マカ」とココナッツミルクのドリンク。($5.39)

アルコールに似たリラックス作用がある薬草「カヴァ」のドリンク。($4.69)

なにやら怪しげでセクシー？フルーツ&ハーブウォーター。($4.19)

ツブツブの正体は、スーパーフードとして注目度上昇中のチアシード。($5.59)

Healthy Food 〈ヘルシーフード〉

スナックや自家製フードも健康志向。
これならたくさん食べても罪悪感なし？

パウチタイプのはちみつとピーナッツバター。ランニングやトレッキングの行動食に。(各$1.39)

ビタミンA、C、Eとともにオメガ3を多く含むヘンプシード(麻の実)。ドレッシングやヨーグルトに混ぜて。($3.09)

コンブチャの酵母菌。これがあれば自宅で作れます。($13.69)

グルテンフリーのパフスナック。($3.39)

コレステロールフリーのチョコレートクッキー。($2.39)

自家製レシピのワカモレ(アボカドのディップ)は、トルティーヤや野菜につけて。($5.19)

駐車場側にあるイートインスペースは
オープンエアのカフェのような雰囲気。

Kokua Market
コクア・マーケット

MAP P.157／ホノルル
2643 S. King St., Honolulu
808-941-1922
8:00～21:00　無休
www.kokua.coop

ハワイ版・生協はユニークなブランドが見つかるアットホームな店

　圧倒されるほど広い店が多いなか、こぢんまりした店内に商品がぎっしり並ぶ様子が地元商店街にあるスーパーのようで、訪れるとほっと和める店がここ。「ダウン・トゥ・アース」(P.056)からワンブロック離れたところにあり、キング・ストリートでひときわ目を引くハデなペイントの外観が目印です。
　ローカルの会員から出資金を募り運営する生協。そのため、地元産の生鮮食品や加工食品が充実しています。小さくてユニークなブランドを扱っているのが特徴で、ほかのスーパーでは見かけない食材や調味料を発掘するのが楽しい店です。野菜はすべてオーガニックまたはハワイ産、ベジタリアンにこだわらず肉や魚も扱っています。また、少量のパッケージのスパイス類が多く、ツーリストにも利用しやすくなっています。
　デリコーナーに並ぶ料理やパン、スコーンなどはすべて店内のオープンキッチンで作られ、どれもやさしい味つけ。調理の様子を眺めながらできたてが並ぶのを待つのも楽しいものです。

Yogurts with Style!
〈ヨーグルト〉

ホルモン剤や抗生剤を使わず育てた牛やヤギのミルクから作られたヨーグルト。安心なうえ、パッケージがかわいい。

ソノマに農場を持つ「レッド・ヒル・ファーム」のゴート(ヤギ)ミルクのヨーグルト。(各$3.49)

ワゴンとヒゲのおじさんのイラストが目印の「パヴェルズ」は、サンフランシスコ生まれ。($6.99)

オススメ!

静かなブームとなっている「ジギーズ」の「スキール」はアイルランドが発祥の乳製品。ヨーグルトとクリームチーズの中間のような濃厚な味わい。($2.99)

「ブラウン・カウ」のクリームトップは、ミルクの上部に自然にできるクリームをヨーグルトの上部に加え、滑らかでリッチな食感。($1.99)

「カプレッタ」とはイタリア語で「小さなヤギ」。フロリダ州の小さな農場で作られています。($2.49)

はちみつ入りのギリシャヨーグルトは、にぎやかで楽しいパッケージ。($5.29)

Foodland Farms
フードランド・ファームズ

**地元産＆オーガニックにこだわる
ハワイ生まれのナチュラル・スーパー**

MAP P.155／オアフ島全図
820 Hind Dr., Honolulu
（アイナ・ハイナ・ショッピングセンター内）
☎ 808-373-2222
5:00～23:00　無休
www.foodland.com

「フードランド」（P.044）のナチュラル版。ご本家に比べより健康志向でハワイ産のもの、オーガニックの食材を多く扱う、ちょっぴり高級志向の店です。とはいえ、ローカルが好きな甘〜いお菓子もあり、ストイック過ぎず、そのゆるいところがいい感じ。

グルメショップとして知られる「アールフィールド・ワイン・カンパニー」がプロデュースするワインセクションがあり、この店でしか手に入らないものには紫色の「Exclusive」というタグがついています。

毎週火曜日は、地元の食材を紹介するイベントデー。午後3時から地元の高校生ボランティアによるサンプルの試食会が開かれるので、これに合わせて訪れてみると楽しいかも。

現在オアフ島では、ワイキキから車で15分のアイナ・ハイナにあるこの1軒だけ。ほかにハワイ島のマウナ・ラニとマウイ島のラハイナに1軒ずつ。スタッフによると、「ホールフーズみたいな店を目指しているんだよ」とのこと。健康志向の高まりから、もっと店舗が増えそうな予感がしています。

ローカルスーパーのなかでは高級志向ですが、気取らない雰囲気がいい。

Foods on My Mind!
〈気になるフードをセレクト〉

オーガニックとハワイ産の食材が豊富。
ビンものは、重くて帰りのパッキングが大変と分かっていても、つい買ってしまう。

大粒でつやつやのイチゴにうっとり。($6.99)

オーガニックのレタスは、ハワイ産。($4.99)

メキシコ産のチェリートマトもオーガニック。($5.99)

グルメショップがセレクトするワイン。(白：$9.99、赤：$12.99)

TRY!

マウイ島産のピクルス。ハワイの高原地帯では、ワラビも採れます。(左：パイナップル$9.99、右：ワラビ$11.99)

ローカルの野菜や卵を多く扱うのが特徴です。

Natural & Organic Supermarkets　063　Foodland Farms

Celestial Natural Foods
セレスティアル・ナチュラル・フーズ

🗺 P.154／ハレイワ
🏠 66-443 Kamehameha Hwy., Haleiwa
☎ 808-637-6729
🕘 9:00 ～ 19:00（日～ 17:00）
休 無休

サーファー御用達のゼネラルストアはハワイで最初のオーガニック・スーパー

　世界中のサーファーが憧れるオアフ島ノースショアの玄関口が、オールドハワイの面影を残すスモールタウン、ハレイワ。自然志向のサーファーやアーティストが多く暮らすこの地で1974年、ハーブとスパイスの販売からスタートしました。エコな暮らしのムーブメントは、この地から徐々に島中に広がっていったともいえるでしょう。

　スーパーというより町の小さなゼネラルストアのような趣きですが、品ぞろえはなかなかストイック。オーガニックの野菜、グルテンフリー、ビーガンフードのほか、雑貨類もオーガニック、フェアトレード製品にこだわっています。ローフードやコンブチャなど、ハワイ中で流行している食べ物やドリンクのなかには、ここから人気に火がついたものが少なくありません。

　別経営ですが店の奥にカフェがあり、こちらもなかなかいい雰囲気。有名なサーファーやミュージシャンがビーサンでふらりと立ち寄ることもあり、ノースショアを訪れたら、ぜひとものぞいてみたい店です。

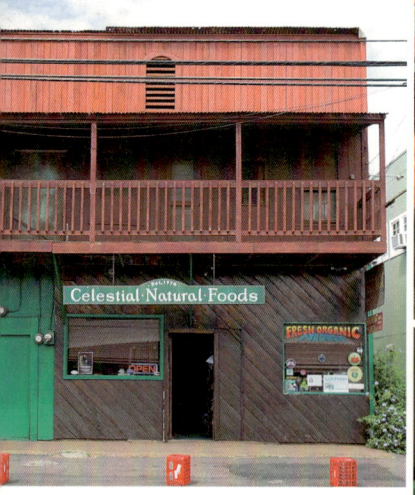

食料品から日用雑貨まで少量ずついろんな商品が並べられ、大きなスーパーでは見かけないレアなものも見つかります。

ノースショアで暮らすサーファーやアーティストたちが集まる、町の社交場のような店です。

Speciality Supermarkets

個性的なスーパーマーケット

店内の雰囲気を味わいに出かけるだけでも楽しい店。

場所は「ドン・キホーテ」(P.030)のすぐとなり。ピンク色の建物が目をひきます。

Palama Supermarket
パラマ・スーパーマーケット

🗺 P.156／ホノルル
🏠 1670 Makaloa St., Honolulu
☎ 808-447-7777
🕗 8:00〜21:00 休 無休
💻 www.palamamarket.com

フードコートもおすすめのコリアンタウンの台所

　アラモアナ・センターの山側一帯は、韓国料理店が多く集まるホノルルのコリアンタウン。淡いピンク色のこぎれいな建物に一歩、足を踏み入れるとハングルが躍り、流れているのも韓国語の音楽。棚に並ぶ調味料もデリコーナーも、やたらに赤い色が目につき、ハワイにいることを忘れてしまいそうです。

　韓国系ローカルの人にはもちろん、日系の人にも人気の理由は、野菜が新鮮で安いこと。特にもやしやエノキダケ、白菜、ネギなど日本食によく使う野菜が抜群に安い。お肉もお値打ちで、「BBQをするときは、ここのカルビでなくちゃ！」という声も。

　デリコーナーに並ぶのは、キムチやナムル、韓国風の肉じゃがやきんぴら、厚揚げの煮びたし、海藻サラダなど。ご飯に混ぜるだけのナムルの具もあり、アメリカンなボリュームと味つけの食事が続いたあとにここへ来ると、すぐに帰って白いご飯と一緒に食べたくなります。またチャプチェ、焼き魚、揚げ物、キムパップといったパックの惣菜も人気です。

　店の隣りにあるこじんまりとしたフードコートでは、できたての豆腐チゲやビビンバ、冷麺などをその場で食べられます。

Korean Food 〈韓国食材〉

とにかく、赤い色が多い。
ハングルはわからなくても、パッケージから中身を想像すると楽しくなってきませんか？

豆腐を入れて温めるだけ、
豆腐チゲの素。($2.99)

お湯を入れるだけ、カップのトッポギ。($2.19)

韓国では、刺身にもコチュジャンソースをつけます。($4.49)

キムチの缶詰。これなら汁がもれる心配がありません。($2.99)

エゴマの葉のキムチ。($2.99)

日本に負けないほどバラエティ豊かなインスタントラーメン。

韓国風のり巻き、キムパップ。($3.50)

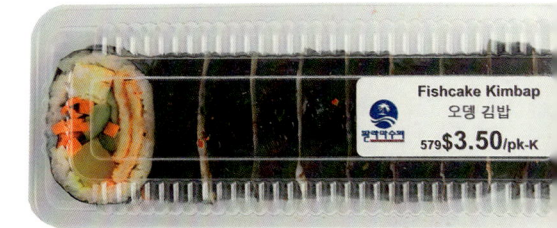

Palama Supermarket

Speciality Supermarkets 067

Nijiya Market
ニジヤ・マーケット

**日本に負けない品ぞろえと
お弁当コーナーが人気**

P.156／ホノルル
451 Piikoi St., Honolulu
808-589-1121
10:00 〜 21:00（日〜 17:00）
無休
www.nijiya.com

　カリフォルニア生まれの日本食スーパー。しかも、オーガニックにこだわったプライベートブランド（PB）の食材が豊富。すき焼き、しゃぶしゃぶ用の肉、刺身などの鮮魚、直営農場から届く春菊、ミツバ、九条ネギといった、ハワイでは手に入りにくい薬味野菜、さらにはおでん種やぬか床までも並びます。また、保冷用の氷を無料で持ち帰ることができる店は、ハワイのスーパーではここくらい。日本で話題になった塩こうじ、塩レモンなどもいち早くPB商品化しています。

　カリフォルニア産がほとんどですが、日本から直輸入の食材もそろっています。各地の特産品や干物、ブランド調味料などは、日本の高級スーパーにもひけを取りません。

　ローカルの人に人気が高いのは、お弁当コーナー。幕の内、カツ丼、ちらし寿司のほか、きんぴら、白和えなどパック入りの惣菜もあり、ロングステイで日本食がどうしても恋しくなったときには頼もしい存在です。

Nijiya Brand
〈プライベートブランド商品〉

「N」のマークは、オーガニックにこだわったプライベートブランド。日本の味に感激します！

おでん種セット。常夏のハワイでも、鍋物は人気です。($8.99)

味噌もオーガニック。ほかに麦味噌、玄米味噌も。($9.99)

ホットケーキミックス（$5.99）とお好み焼き粉（$5.49）。

オーガニックのアメリカ産「あきたこまち」は日本米に劣らぬおいしさと評判。（5ポンド$13.99）

アラモアナ・センターの山側から徒歩で5〜6分。「エッグスン・シングス・アラモアナ店」の隣りです。

Bento, etc… 〈お弁当、総菜〉

ローカルの人たちに人気のお弁当と総菜はバラエティ豊か。冷房が効いた涼しいイートインスペースで食べられます。

自由に使える電子レンジを備えたイートインスペース。

彩りの美しいちらし寿司が人気ナンバー・ワン！（$7.99）

ざるうどんとちらし寿司のセット。暑い日は特によく売れるそう。（$4.99）

鶏そぼろ丼とチャーシュー丼。（各$4.99）

きんぴらと白和え。少量パックなので、買いやすい。（各$2.99）

日本の高級スーパーのような店内です。

寿司ロールも人気のお弁当。（$7.99）

Speciality Supermarkets　069　Nijiya Market

Petco
ペットコー

MAP P.156／ホノルル
📍 1121 S. Beretania St., Honolulu
☎ 808-593-0934
🕘 9:00～21:00（日～19:00） 休 無休
🌐 www.petco.com

**愛するワン＆ニャンのためのスーパー。
どれもかわいくて買いすぎ必至！**

　ペット用品専門の大型スーパーまであるとは、さすがアメリカ。愛するワンコ＆ニャンコが日本でお留守番中の人は、ここに来ると危険！　かわいい洋服やおもちゃに、気がつくとカートいっぱい買ってしまっている可能性大なのです。

　ケア用品とともに、グルテンフリーのフード、興奮をしずめるアロマオイルやサプリメントが特に充実しています。ミツロウなど天然成分だけで作るリップクリームが女性に人気の「バーツ・ビーズ」のシャンプーやリンスまであることに驚きました。

　デリコーナーには、手作りのクッキーや量り売りのビスケットが並びます。人間用より高いくらいのいいお値段なのですが、かわいいコのためについ奮発してしまう人が多いとか。文字や数字を自分で刻印できるタグは、ペットと暮らしているお友だちへのプレゼントにしても喜ばれそうです。

　私自身は自宅にワンコもニャンコもいないのですが、この店に来ると無性にペットがいる生活に憧れます。

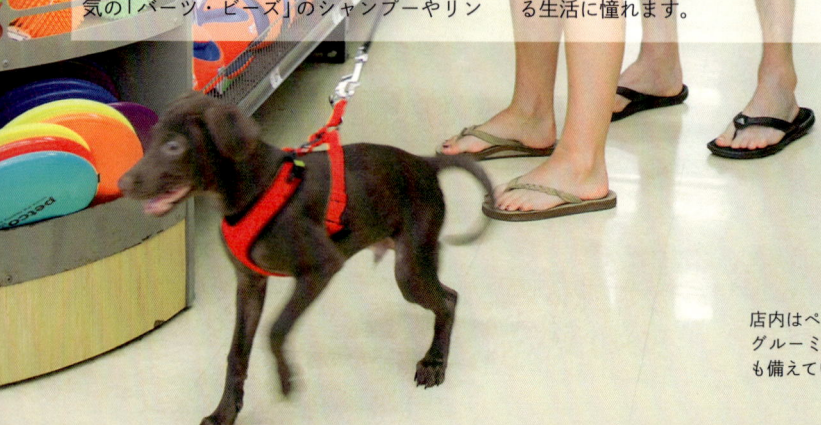

店内はペット同伴OK。
グルーミングルーム
も備えています。

お腹を押すと"ブーブー"と音が出ます。
(ブタ：$6.29、力士 $9.99)

カラフルな犬用ボール。
(各$0.99)

Care Products & Groceries
〈ケア用品、おもちゃ＆フード〉

ワン＆ニャン用はもちろん、小鳥やげっ歯類、は虫類用も。パッケージもなかなかユニークです。

好きなデザインのタグを選び、店内にあるマシーンで文字を刻印できます。
(タグ$12 〜、サイレンサー $1.59 〜)

アレルギー対応のビスケット。パッケージもいかしてます。
($8.99)

ビスケットはいろんな形と色があり、自分で計って袋に詰めます。
(1ポンド$6.29)

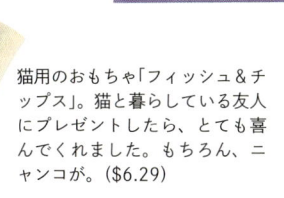

猫用のおもちゃ「フィッシュ＆チップス」。猫と暮らしている友人にプレゼントしたら、とても喜んでくれました。もちろん、ニャンコが。($6.29)

ナチュラルコスメ・ブランド「バーツ・ビーズ」の犬用シャンプー。
($16.49)

071 Petco　Speciality Supermarkets

ひと目でわかる！ ハワイのスーパーマーケット分類図

DEEP

- MARUKAI WHOLESALE MART — THE MEMBERSHIP STORE ⇒ P.142
- PALAMA SUPER MARKET ⇒ P.066
- Times SUPERMARKETS ⇒ P.040
- Foodland FOOD, FAMILY & FRIENDS. ⇒ P.044
- kokua market ⇒ P.060
- COSTCO WHOLESALE ⇒ P.138 （日本でも大人気！）  
- SAFEWAY ⇒ P.050
- TARGET ⇒ P.020 （ファッショングッズもチェック。）
- Longs Drugs ⇒ P.136
- Walgreens ⇒ P.024 （コンビニ感覚で使える。）
- Don Quijote ⇒ P.030
- Walmart Save money. Live better. ⇒ P.054 （買い過ぎに注意！）

REASONABLE 庶民的

BASIC

この本で紹介しているスーパーマーケットとコンビニ、ドラッグストアを、ローカル度と価格で分類してみました。「ローカル度＝BASIC」はツーリスト向き、「ローカル度＝DEEP」は地元密着型で、ハワイの人たちの志向や暮らしぶりがよりわかるお店という意味です。個人的な印象による分類ですが、お買いものの参考にしてみてください。

地元密着型

Tamura's FINE WINE & LIQUORS
⇒P.046

絶品ポケは必食！

Smile dental health

foodland FARMS
⇒P.062

STOP

PETCO Where the pets go.
⇒P.070

Celestial Natural Foods
⇒P.064

ノースショアドライブの立ち寄りスポット

NIJIYA MARKET
⇒P.068

WHOLE FOODS MARKET
⇒P.008

ちょっとお高め HIGH-END

073

Down to Earth Organic & Natural
⇒P.056

Love LOCAL Grown in Hawaii

お買いものするだけで癒されそう……

ワイキキのコンビニご三家！

CoCo Cove
⇒P.128

コンドミニアム滞在なら、ココへ。

FOOD PANTRY Waikiki's Original Supermarket
⇒P.034

ABC STORES
⇒P.132

LAWSON STATION
⇒P.134

ツーリスト仕様

Shopping Hints 02

ハワイで大人気の 健康ドリンク
「KOMBUCHA(コンブチャ)」って？

ナチュラル系スーパーのドリンクコーナーには、さまざまなボトルのコンブチャがずらり！ 生ビールのように専用サーバーで販売する店も増えています。

日本ではココナッツウォーターが一大ブームとなっていますが、ハワイでそれを上回る人気なのが「KOMBUCHA(コンブチャ)」。日本の昆布茶とは全く関係なく、紅茶やウーロン茶などのお茶を「スコビー」と呼ばれる菌で発酵させた微炭酸のドリンク。かつて日本で流行した紅茶キノコと同じものだそうです。

数年前から全米やヨーロッパの健康志向が強い人たちから注目され、ハワイでもスーパーのドリンクコーナーに並ぶようになりました。自家製を提供するカフェやジューススタンドも出現し、その人気は高まるばかり。酸味のあるジンジャーエールのような味わいで、最近ではチアシード入りや、ハワイらしいリリコイ(パッションフルーツ)、パイナップルなどの新フレーバーが登場してきています。

スーパー、コンビニのほか、ファーマーズマーケットでも、できたてのフレッシュなものをグラスやボトルで販売しています。お店によって酸味と炭酸の強さが違うので、いろいろ飲み比べてお好みの味を探してみてはいかがですか？

サーバーがある店やファーマーズマーケットでは、リターナルボトルを持参すると少し安くなります。

PART 2

Must Buy Items
at Hawaii Supermarkets

ハワイの
スーパーマーケットで
これ買いたい！

フードに日用雑貨、お土産用のジャムやはちみつ、
デリに並ぶ料理などなど……。
ハワイのスーパーマーケットに出かけると
あれもこれも気になるものがありすぎて困ってしまう！
数え切れないほどの商品から、心ひかれたものを
ピックアップしてみました。

料理が並ぶガラスケースの前で、あれこれ悩む時間がまた楽しいのです。
右ページ：アメリカ料理からハワイのローカル料理、エスニックなどなど、デリでは世界中の料理を味わえます。カットフルーツや、チーズ＆生ハムの量り売りも活用したいもの。

デリのごちそう料理

Delicatessen

オリジナルレシピの料理を、テイクアウトして味わいたい。

デリセクションは、スーパーマーケットの花形的存在。好きな料理を選び、必要な分量だけ購入できるのも魅力です。ホテルやコンドミニアムの部屋に持ち帰れば、プチ・パーティー気分を楽しめます。もちろん、ビールやワインもお忘れなく!

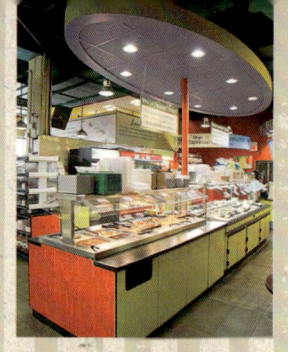

Down to Earth ➡ P.056
ダウン・トゥ・アース

肉類は一切使わず、このボリューム！ ヒジキや豆腐のサラダ、ナスのラザニアが特においしい。（1ポンド$9.99）

デリの料理をセレクト

à la carte

各スーパーから自慢の料理をセレクトしてみたら、こんなに国際色豊かに！ベジタリアン料理だっておまかせです。

Whole Foods Market, Kahala
➡ P.014

ホールフーズ・マーケット（カハラ店）

サンドイッチはお好みの具で。サラダだけでも20種類以上並ぶデリは、朝と午後でメニューが変わります。カレーや日替わりスープも人気。（サンドイッチ$14.99、デリの料理は1ポンド$8.99、スープ$6.99）

Kokua Market ➡ P.060
コクア・マーケット

店内のオープンキッチンからできたてが並びます。ハワイの伝統料理カルアピッグや、キクア、豆のサラダなど、どれもヘルシーでやさしい味つけ。（1ポンド$9.29）

Coco Cove ➡ P.128
ココ・コーヴ

コンビニとは思えない料理のバリエーションに感動！ サラダの具は自分で選べ、アジアンテイストの料理が多いのも魅力です。（サラダ$6.99～、プレートランチ$6.29～）

Palama Supermarket ➡ P.066
パラマ・スーパーマーケット

時々、無性に食べたくなる韓国料理。キムチ、ナムルのほか、チャプチェ、エビ＆カニ料理も。（ナムル＆キムチ1ポンド$5.99；カニのオイスターソース炒め1ポンド$12.99）

Must-Buy Items at Hawaii Supermarkets　Delicatessen / à la carte　079

# POKE made fresh daily

TASTE THE LOCAL FLAVOR OF OUR POKE BOWL

アヒ (マグロ) のポケが定番ですが、サーモン、タコ、エビ、野菜、豆腐などのバリエーションも。4分の1ポンドから何種か買って試してお気に入りの味を見つけましょう。

ハワイ風刺身、ポケ

Poke

新鮮な魚介をしょうゆ、ごま油、ハワイアンソルトなどで味つけしたハワイ風刺身のポケ。ビールや冷やした白ワインと相性抜群です。

Fresh Ahi Island Inamona
フレッシュアヒ・アイランド・イナモナ

ハワイ近海で捕れた生マグロを、秘伝のレシピで味つけ。地元グルメ誌の人気投票で第1位に輝く、ハワイのナンバーワン・ポケ。(1ポンド$15.99)

➡ Tamura's Fine Wines & Liquors　P.046

Ahi Lim
アヒ・リム

「リム」はハワイで古くから食べられている海藻。磯の香りが広がります。(1ポンド$11.99)

➡ Foodland　P.044

Shrimp Poke Spicy
シュリンプ・ポケ・スパイシー

口のなかでプチプチとはじけるトビコがアクセント。(1ポンド$18.99)

➡ Whole Foods Market, Kahala　P.014

081　Poke　Must Buy Items at Hawaii Supermarkets

Teriyaki
テリヤキ
ローカルが大好きなテリヤキ味。ポケ丼にするとご飯が進む。(1ポンド$13.99)
➡ Coco Cove P.128

Salmon Poke
サーモン・ポケ
ちょっと甘めのしょうゆ味で、青ネギとノリがアクセント。(1ポンド$11.99)
➡ Tamura's Fine Wines & Liquors P.046

Spicy Ahi
スパイシー・アヒ
ハラペーニョ入り。徐々にビリビリ来る刺激がやみつきに！(1ポンド$13.99)
➡ Coco Cove P.128

Fresh Ahi Ginger
フレッシュ・アヒ・ジンジャー
冷凍なしの生マグロを使用。ショウガ風味が日本人の口によく合います。(1ポンド$15.99)
➡ Times Supermarkets P.040

Tako Poke Mild
タコ・ポケ・マイルド
塩味とごま油のさっぱりとした味つけ。コリコリした歯ごたえも◎(1ポンド$11.99)
➡ Times Supermarkets P.040

Marlin Shoyu
マーリン・ショウユ
ブルーマーリン（カジキ）は、アヒに比べてあっさりしているのが特徴。(1ポンド$6.49)
➡ Don Quijote P.030

Hawaii Loves LOVE'S

ハワイの人が大好きなLOVE'Sのパン♥

ギンガムチェックに、ハートマークがちょこんとのっかったロゴ。スーパーやコンビニならどこでも見かける「LOVE'S」は、とてもポピュラーなハワイのパンメーカー。初めてのハワイで、朝食代わりにコンビニで買ったマフィンも、LOVE'Sでした。なんと、デリバリートラックの車体も赤いギンガムチェック。ワイキキでは午前中の早い時間に停まっていることが多く、見かけるとついシャッターを切ってしまいます。

1853年、スコットランド出身のロバート・ラブさんが創業した老舗ベーカリー。創業者の名前が「Love」なんて、素敵すぎます！ ミドル・ストリートに工場があり、敷地内にも小さなショップが。

定番は、赤いギンガムチェックのホワイトブレッド。ふわふわの食パンです。($3.59)
➡ Food Pantry　P.034

こげ茶のチェックは、全粒粉パン。軽くトーストすると、独特の香ばしさが引き立ちます。($5.49)
➡ Foodland　P.044

アップル、ブルーベリー、レモン、チェリーなどのフルーツパイ。(各$2.49) ➡ Food Pantry　P.034

もっちもちのベーグル。($6.79)
➡ Food Pantry　P.034

子ども用にカルシウム、ミネラル、ビタミンを強化した食パン。($6.69)
➡ Food Pantry　P.034

ハンバーガー用のバンズ ($4.79)
➡ Don Quijote　P.030

1個でもボリューム満点のマフィン。
➡ ABC Stores　P.132

砂糖がけのドーナッツ。かなり甘いです！($4.29)
➡ Food Pantry　P.034

083　Hawaii Loves LOVE'S　Must Buy Items at Hawaii Supermarkets

フラガールが
目印のブランド

The Brand with the
Hula Girl

なんともレトロなフラガールのイラストは、乾麺のブランドとしておなじみ。
今回はきな粉や「もちこ」まで発見！ ハワイのスーパーへ行くと
このイラストがついた商品を探すのが楽しみになっています。

ウドンは肌寒い日は鍋焼きに、暑
い日は冷やしで。($1.99)
➡ **Don Quijote** P.030

涼しげなカラーリングのパッケー
ジは、そうめん。($2.69)
➡ **Safeway** P.050

米粉で作った平麺がチャウファン。チャイニーズ風焼きそばに。($2.79)
⇨ **Foodland** P.044

今回、初めて発見したきな粉。ハワイではおもちだけでなく、アイスクリームにもかけるそう。($4.19)
⇨ **Safeway** P.050

この3点はローカルスーパーで発掘。「もちこ」はもち米の粉で、から揚げの衣に使います。
(左から$1.78、$1.58、$3.48) ⇨ **Times Supermarkets** P.040

Must Buy Items at Hawaii Supermarkets　085　The Brand with the Hula Girl

Where is the *Shoyu?*

💬 メイド・イン・ハワイの アロハしょうゆ

1946年、日系人家族によって小さな醸造工場からスタートしたアロハしょうゆ。グリル料理やロコモコに数滴たらすだけでたちまちハワイの味に変えてくれる優れものです。

ピンクはハワイの食卓に欠かせないオリジナル・ブレンド、グリーンは減塩しょうゆ。日本のしょうゆよりまろやかな風味が特徴です。各$2.49）
➡ Don Quijote P.030

日本流にいうなら、特選しょうゆ。刺身や寿司に直接つけるときはコレ！（$2.99）
➡ Times Supermarkets P.040

お弁当に入っていたら、ときめくこと間違いなし！（ミニパウチ10袋入り$2.49）
➡ Longs Drugs P.136

左から、バーベキューで大活躍するBBQソース（$2.49）とフルーティーなテリヤキグレイズ（各$5.99）。とんかつソース（$2.99）もちゃんとそろってます。
➡ Don Quijote P.030

ローカルレストランのテーブルには必ずといっていいほどこのボトルが置かれています。(ノースショア・ハレイワの「グラス・スカート・グリル」にて)

ノースショアの週末名物、丸鶏をぐるぐる回しながら炭火で焼くブロイルドチキン。ハワイアンソースで再現してみたい。(ハレイワの「レイズ・キアヴェ・ブロイルド・チキン」にて)

ハワイアンソース
Hawaiian Sauces

enjoy BBQ

バーベキュー好きのハワイアンに欠かせないのが、BBQソース。
お肉を漬けこんだり、仕上げにかけたり。
ハワイらしいパッケージから、ジャケ買いも楽しい。

刺激的な味がお好みなら、こちらを。甘さのなかにピリリとした辛みあり。($6.49)
➡ Food Pantry P.034

甘辛のソースは、チャーハンの仕上げに使うと味が締まります。($6.49)
➡ Food Pantry P.034

「DA KINE」はハワイのローカル英語。「ほら、それ」みたいな意味でよく使います。「ほら、あのソースよ！」($6.49)
➡ Whole Foods Market, Kailua P.016

ピリ辛味。ハワイの人は刺身にもつけて食べるそう。($4.29)
➡ Food Pantry P.034

エビを漬けこんで焼くと、ガーリックシュリンプができあがります。($6.99)
➡ Food Pantry P.034

マウイオニオンとグアバソースでフルーティーな仕上がりに。($8.99)
➡ Whole Foods Market, Kailua P.016

「フリフリ」とはハワイ語で「回す」という意味。肉を漬けこんで回しながら焼けば完成。($4.99)
➡ Food Pantry P.034

Hawaiian Sauces　Must Buy Items at Hawaii Supermarkets　089

Spam & Spam Goods

スパム & スパムグッズ

日本人のソウルフードがおむすびなら、スパムむすびはハワイアンのソウルフード!?
グッズの豊富さからも、ハワイの人のスパム好きがよくわかります。

定番の「クラシック」から健康に配慮した「減塩」、テリヤキ風味、ハラペーニョ入りなどバリエーションがどんどん増えています。(各$3.29)
→ Don Quijote　P.030

パックをあけてすぐに使えるスライスタイプ。（2個$3）
⇨ Don Quijote　P.030

レンジで温めるだけで食べられるレトルトのスパム＆ローストポテト。（$4.09）
⇨ Foodland　P.044

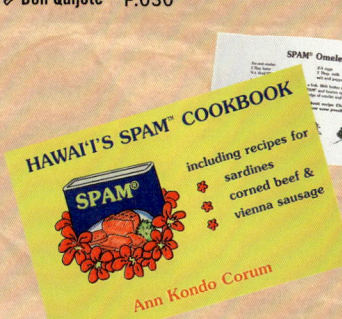

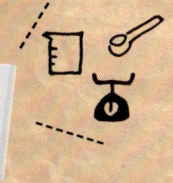

レシピブックがあれば、スパム料理がもっと楽しく。（$9.78）
⇨ Walmart　P.054

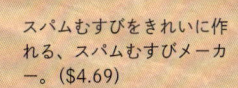

スパムむすびをきれいに作れる、スパムむすびメーカー。（$4.69）
⇨ Longs Drugs　P.136

091　Spam & Spam Goods　Must Buy Items at Hawaii Supermarkets

Hawaiian
Salts & Spices

ハワイアンソルト & スパイス

ハワイアンソルトやスパイスはハワイの海と大地からの贈りもの。日本へ帰って大好きなハワイの味を再現できるうえ、料理好きな友だちへのお土産にもぴったりです。

赤土のミネラル分が付着して、こんな色に。ハワイでは赤色の塩は古代から「聖なる塩」としてさまざまな儀式に使われてきました。($5.99)
▶ Food Pantry　P.034

移民の島ハワイでは、さまざまな国の味が誕生。「アドボ」はフィリピンの、「ヴィナロス」はポルトガル代表的な家庭料理。(各$1.79)
➡ Food Pantry　P.034

「もちこ」の定番はこのパッケージ。下味をつけた鶏肉にまぶして油で揚げれば、ローカルフードの「モチコチキン」ができあがります。($1.37)
➡ Don Quijote　P.030

ボトル入りドレッシングより粉末のほうが軽くて便利。お酢とオリーブオイルを加え、好みの味に。($2.79)
➡ Foodland　P.044

バラエティ豊かなシーズニング。(各$4.29)
➡ Food Pantry　P.034

「カルアピッグ」(ブタの蒸し焼き)風味の、スモークの香りのソルト。($5.99)
➡ Don Quijote　P.030

バラマキ土産に人気のパッケージ。コンビニで手に入ります。(各$2.99)
➡ ABC Stores　P.132

Must Buy Items at Hawaii Supermarkets　093　Hawaiian Salts & Spices

Hawaiian Honey

(ハワイのはちみつ)

パンケーキやヨーグルトに欠かせないはちみつは、花によって風味と色の濃さも違います。
個性豊かなメイド・イン・ハワイのはちみつをお土産に。

ファーマーズマーケットでは養蜂家さんから直接購入することができます。花の咲く場所と時期を選んで、巣箱を移動させるのだとか。

採取量が限られたローカルのはちみつは、とても貴重。

Sweet Honey

オアフ島の10ヵ所以上に巣箱を持つ「マノア・ハニー・カンパニー」のはちみつ。(各$3.49)
→ Whole Foods Market, Kailua　P.016

ナチュラル＆オーガニックスーパーで、ボトルのかわいさにひかれて。($14.29)
→ Down to Earth　P.056

オーガニックで非加熱、無添加。バターのようなテクスチャーとミルクのような食感です。(各$19.99)
→ Whole Foods Market, Kahala　P.014

マカダミアの花から採れた濃厚なはちみつ。($7.49)
→ Food Pantry　P.034

「ガーデン・アイランド」の別名を持つカウアイ島の花々から採れたもの。($7.99)
→ Times Supermarkets　P.040

Must Buy Items at Hawaii Supermarkets　095　Hawaiian Honey

ハワイの
コーヒー

Coffee in Paradise

ハワイといえばハワイ島の「コナコーヒー」が有名ですが、ほかの島々でも栽培されていることを知っていますか？ 多彩な自然がはぐくんだ味わいの違いを飲み比べてみて。

コナコーヒーのなかでもさらに稀少なオーガニック。($18.59)
➡ Down to Earth P.056

食の専門家の間で評価が急上昇中の「カウコーヒー」。「コナコーヒー以上！」と絶賛する人も。($22.99)
➡ Foodland Farms P.062

華やかなパッケージと手ごろな価格は、お土産にぴったり。($3.48)
➡ Walmart P.054

すっきりした後味は、アイスで飲んでもおいしい。100％オアフ島産。($22)
➡ Kakaako Farmers' Market P.147

ハワイ土産といえばコレ！というほどおなじみの「ライオン・コーヒー」。($7.59)
➡ Foodland P.044

お店で焙煎したばかりのマウイ島産の豆を自分で袋詰めして購入。銘柄名、商品番号も自分で記入します。($17.99)
➡ Whole Foods Market, Kahala P.014

ハワイのチョコレート

For Chocolates Lovers

地元ハワイ産のカカオにこだわった手作りチョコレートが今、ちょっとしたブーム。定番のマカダミアナッツチョコと差がつく、スペシャルなお土産にぴったりです。

ていねいに手摘みしたカカオ豆を使用。フルーツ味など全部で8種類のフレーバーがあります。(各$6.49)
➡ Whole Foods Market, Kailua　P.016

「200%ローカル」の理由は、ハワイ産カカオ+ハワイ産フルーツ。(各$7.99)
➡ Whole Foods Market, Kailua　P.016

ハワイ島の小さな農園で老夫妻が手作りしています。(左：ダーク$6.99、右：ミルク$5.99)
➡ Whole Foods Market, Kailua　P.016

オアフ島ノースショアで採れたカカオを使用。(各$7.99)
➡ Whole Foods Market, Kailua　P.016

職人さんの手作りチョコ。素朴なパッケージもいい感じ。(各$6.99)
➡ Down to Earth　P.056

098

日本にも上陸し大人気の「テッズ・ベーカリー」。チョコレート・ハウピア・クリーム・パイはココナッツプリンのようでもっと軽い甘さ。コンビニでは1ピースにカットしたものを買えます。(ホール$14.29)
⇨ Foodland　P.044

薄いもち皮でアイスクリームを包んだ「モチアイス」は、ハワイ版雪見だいふく。グリーティー、グアバなどフレーバーは10種類以上。(各$1.50)
⇨ Lawson Station　P.134

「バターモチ」は日系ローカルにとってママの味のおやつ。むちっとした食感とバターの香りがやみつきに。ミックス粉があれば簡単に作れます。(バターモチ:$5.19、ミックス粉:$8.19)
⇨ Times Supermarkets　P.040

ハウピア(ココナッツプリン)の素。軽くてかさばらないから、まとめ買いOK。($2.79)
⇨ Food Pantry　P.034

ハワイの
定番おやつ

Local Sweets

ひんやり系から、モチモチ系まで、ローカル・ハワイアンも大好きなおやつには、ちょっぴり日本の香りがするものも。簡単に作れるミックス粉はお土産にどうぞ！

Yummy

保存料は一切使わず、ハワイ産のナチュラル素材で作られたアイスキャンディー「オノ・ポップ」。30種類以上のフレーバーがあり、パッケージのイラストもかわいい。(各$3.49)
➡ Safeway, Kapahulu　P.051

Must Buy Items at Hawaii Supermarkets　099　local Sweets

のどを潤すハワイのジュース
Juice is Good for You.

渇いたのどを潤すなら、ハワイらしいジュースで。
搾りたてのフレッシュジュースは、朝食にもぴったりです。

Organic

ハワイ産のオーガニック素材だけで作られたジュース。($6.49)
➡ Whole Foods Market, Kailua P.016

パッションフルーツ、オレンジ、グアバの頭文字を取って「POG(ポグ)」。($1.79)
➡ ABC Stores P.132

FRESH

コーヒー豆を包むコーヒーベリーの皮と果肉から作られたジュース。抗酸化物質が豊富なスーパーフードとして注目度が高まっています。(各$2.99)
➡ Times Supermarkets P.040

ノースショアで作られているサイダー。キャップにもフラガールのイラストが描かれ、かわいくて捨てられない!($1.69)
➡ Don Quijote P.030

ハワイへ来ると「ゴヴィンダス」の生搾りジュースを飲むのが楽しみ。自然な甘みのキャロットがお気に入りです。($3.99〜$4.79)
➡ Food Pantry P.034

Local's Favorite Snacks

ローカルが大好きなスナック

ディープなローカル・スナックのなかには、どことなく日本の駄菓子と似ているものがあり、親しみがわいてきます。

「あられ」はハワイではとてもポピュラーなスナック。チョコをかけた甘じょっぱいものも人気です。($3.19)
➡ Longs Drugs　P.136

青ノリ付きのポップコーン。ハワイの人はいろんなものにノリをまぶすのが好きみたい。($3.76)
➡ Walmart　P.054

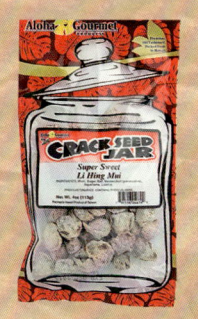

「リヒムイ」とはカンゾウの粉をまぶした乾燥梅干し。パウダーにして料理やカクテル、お菓子にも使います。($3.19)
➡ Longs Drugs　P.136

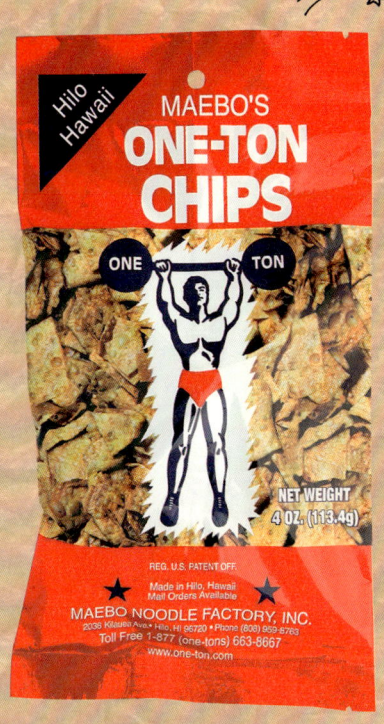

P.043でも紹介した「ワンタンチップス」はこちらがオリジナル。ワンタンの皮をパリッと揚げたもので、「1トンの力持ち」とワンタンをかけたネーミングだそう。($4.59)
➡ Longs Drugs　P.136

リヒムイ風味のポップコーンも、あられ入り。意外にやみつきになる味です。($3.76)
➡ Walmart　P.054

Must Buy Items at Hawaii Supermarkets ｜ 101 ｜ Juice is Good for You & Local's Favorite Snacks

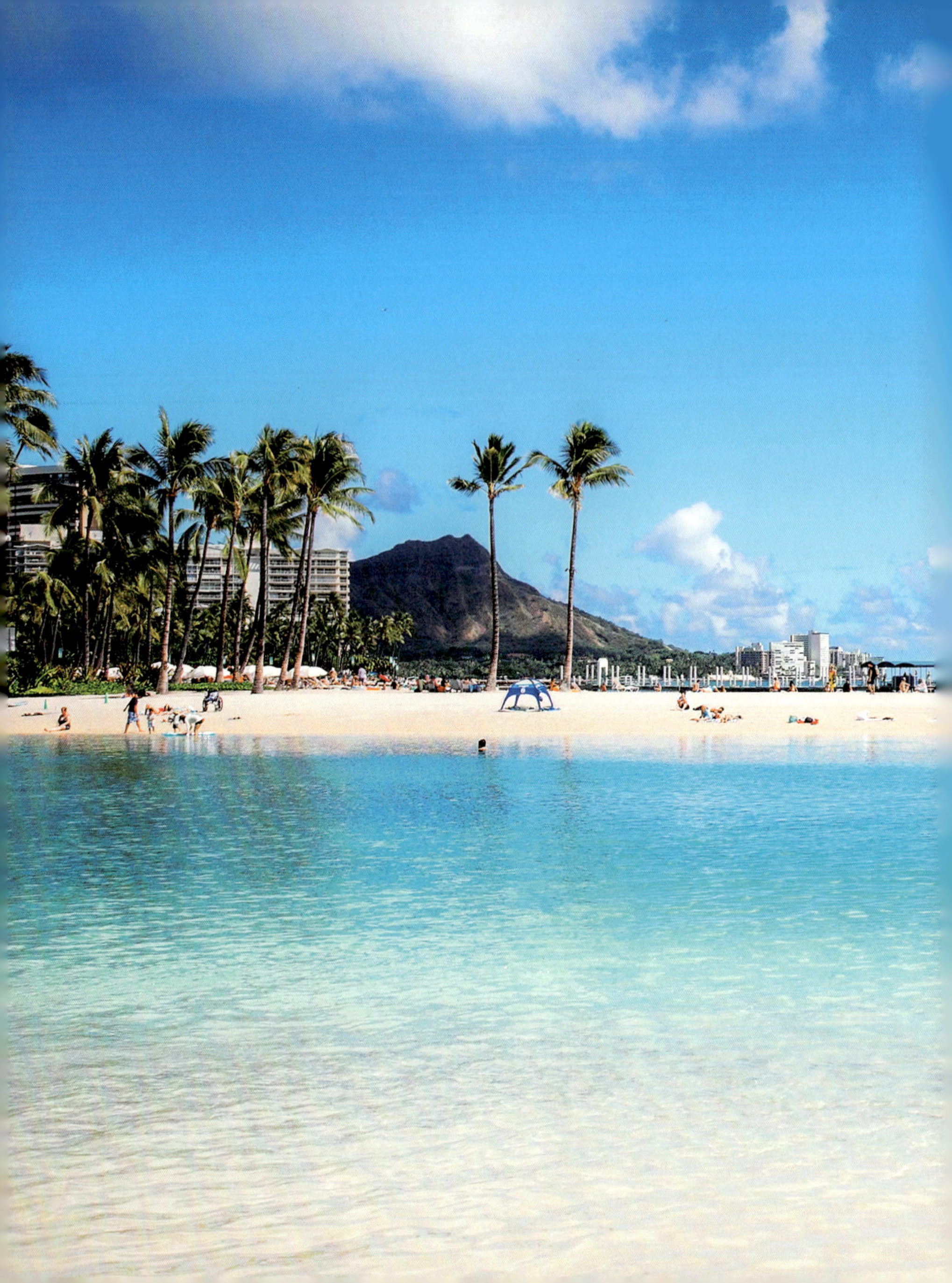

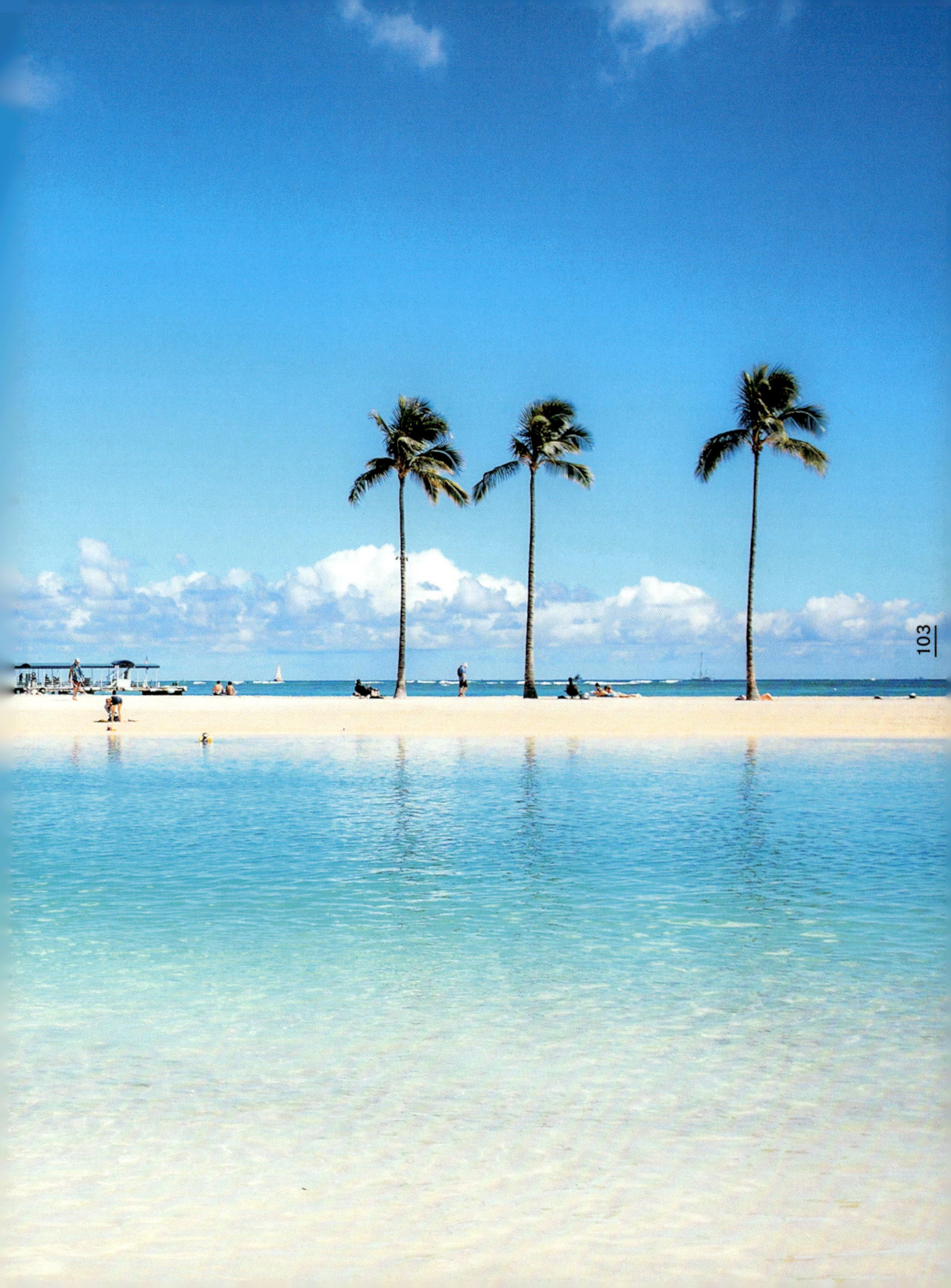

Granola & Oatmeal

グラノーラ&
オートミール

手軽な朝食として日本でもすっかり人気が定着したグラノーラとオートミール。
食物繊維&ミネラルが豊富で美容と健康、ダイエットにもおすすめ。
これだけ豊富なフレーバーがあれば、毎日食べても飽きることはありません。

忙しい朝にうれしい、お湯を注ぐだけで食べられるカップタイプのオートミール。ホテルの部屋でも簡単に作れます。(各$2.09)
➡ Target　P.020

Organic

ウォールナッツとレーズン入りだから、ミネラルたっぷり。しかもオーガニック。($8.99)

➡ Whole Foods Market, Kailua P.016

Made in Hawaii

メイド・イン・ハワイの「アナホラ・グラノーラ」は、ココナッツ、はちみつの自然な甘さ。パパイヤ、マンゴー、パイナップルなどドライフルーツ入りも。(各$6.49)

➡ Longs Drugs P.136

オーガニックでも手ごろな価格のプライベートブランド商品。($4.29)

➡ Whole Foods Market, Kailua P.016

アメリカでオートミールといえば、まず名前があがる老舗ブランド「クェーカー」。($6.69)

➡ Foodland P.044

Must Buy Items at Hawaii Supermarkets Granola & Oatmeal 105

Chips! Chips! Chips!
チップスいろいろ

チップスのフレーバーはワールドワイド。
訪れるたび、新しいパッケージを発見するのが楽しみになっています。

ハワイに来たら、こいつとビールが手放せません！ マウイオニオン風味がやみつきに。($2袋で3.79)
➡ Foodland　P.044

ハワイの火山をイメージしたイラストが楽しく、しかもグルテンフリー。($1.99)
➡ Safeway　P.050

ほんのり甘くてスパイシー。ちょっと不思議な味。(2袋で$4.39)
➡ Foodland　P.044

ヘルシーなタロイモのチップスはハワイならでは。薄くてパリッパリの食感。(2袋で$7.39)
➡ Foodland　P.044

エビせんべいのハワイ版。「オノ」とはハワイ語で「おいしい」という意味。($6.99)
➡ Coco Cove　P.128

Nuts! Nuts! Nuts!
ナッツいろいろ

「天然のマルチサプリメント」といわれるナッツには、美肌効果やアンチエイジング効果も。お酒のおつまみのほか、トレッキングの行動食にも。

ローストアーモンドとバナナチップスに、チョコレートでコーティングしたドライフルーツもミックス。手が止まらなくなるほど危険なおいしさ！($9.99) ➡ Target P.020

トレイルランニングの行動食から生まれた「トレイルミックス」($7.99) とアーモンド ($8.99)。
➡ Whole Foods Market, Kahala P.014

ローストしていない生のウォールナッツ。ローフードは、なるべくオーガニックのものを選びたい。($9.99)
➡ Safeway P.050

ナッツ、トレイルミックスのほか、プレッツェルやキャラメルもそろう「ナッティ・ファーム」。($5.99)
➡ Foodland P.044

ピスタチオ、コーン入りで洋酒のおつまみにぴったり。($5.99)
➡ Whole Foods Market, Kahala P.014

Must Buy Items at Hawaii Supermarkets Chips! Chips! Chips! & Nuts! Nuts! Nuts!

107

小さなおやつ

Small Bites

ガム、キャンディー、グミ、ミントタブレット……。
バッグにいつも入れておきたい小さなおやつ。パッケージがかわいいうえ
手ごろな価格もうれしい。お土産用にまとめ買いしちゃいましょう！

108

アメリカ版おっとっと「ゴールドフィッシュ」には、こんなにかわいいケースがあるんです。
（ゴールドフィッシュ：$3.50、ケース：$2.79）
➡ Foodland　P.040

109　Small Bites　Must Buy Items at Hawaii Supermarkets

パッケージや缶のデザインがかわいいから、ジャケ買いしたくなる！　スーパーはもちろん、コンビニやドラッグストアでいろいろ探してみて。($2.49〜4.39)

Healthy Snacks

ヘルシー スナック

オーガニック、グルテンフリー、NON-GMO（非遺伝子組み換え）のスナックなら罪悪感が少ない？　とはいえ、くれぐれも食べ過ぎにはご注意を！

穀物、砂糖、乳製品をとらない原始人食をヒントに考案されたダイエットバー。(各$4.29)
➡ Whole Foods Market, Kailua　P.016

こんなかわいいクッキー、子どもたちが大喜びしそうです。（各$1.29）
➡ Whole Foods Market, Kailua　P.016

緑黄色野菜を素揚げにしたベジタブルチップス。（$6.49）
➡ Nijiya Market　P.068

オーガニックコーンとシーソルトのパフスナックは恐竜の形。（2袋で$5）
➡ Whole Foods Market, Kahala　P.014

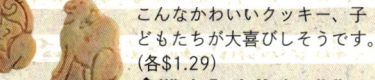

パンプキンシード、スピルリーナ、ココナッツなどのスーパーフードをぎゅっと固めたチップス。（各$6.59）
➡ Celestial Natural Foods　P.064

小腹がすいたときに便利なフルーツバー。（$3.98）
➡ Walmart　P.054

Healthy Snacks

111

Must Buy Items at Hawaii Supermarkets

Gluten-Free Foods
グルテンフリーの食品

小麦などに含まれるたんぱく質成分のグルテンを含まないフードは、もともとは小麦アレルギーを持つ人のために生まれたもの。最近ではダイエット効果が上がる、体調が良くなるなど健康食品として注目度がアップしています。

Gluten-Free

小麦、ナッツ、乳脂肪、卵も含まないパンケーキミックス。ダイエット中でパンケーキを我慢している人も、これなら存分に食べられる？ ($7.49)

→ Whole Foods Market, Kahala
P.014

Gluten-Free

Gluten-free

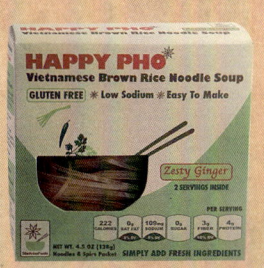

ベトナム風ヌードルスープ、フォー。麺は玄米粉で作られています。($6.29)
➪ Kokua Market　P.060

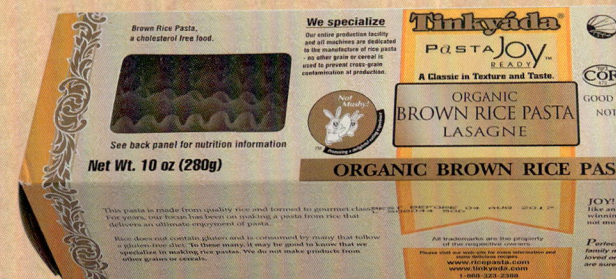

玄米粉のパスタは、グルテンフリーフードの定番。($5.59)
➪ Kokua Market　P.060

カップケーキやクッキーのデコレーションに使うフロスティングミックス。($5.79)
➪ Kokua Market　P.060

亜麻の種子が原料のマフィンミックス。($4.79) ➪ Kokua Market　P.060

ひよこ豆と乾燥パプリカ入り。水を加えて煮込むだけでできるトスカーナ風スープ。($4.99)
➪ Kokua Market　P.060

食物繊維を豊富に含む、レンズ豆が原料のフェットチーネ。パッケージのイラストを見るだけで元気がわいてきます。($12.49)
➪ Kokua Market　P.060

ココナッツパウダーは小麦粉の代わりに、お菓子作りやさまざまな料理に。($6.18)
➪ Walmart　P.054

Must Buy Items at Hawaii Supermarkets　113　Gluten-Free Foods

ココナッツウォーター&オイル

Coconut Water & Oil

日本でも大人気のココナッツ製品。デトックス効果が高く
ミネラルが豊富なココナッツウォーターだけでも数え切れないほど。
高品質のオイルは料理にはもちろん、スキンケアにも使えるのですって！

Coconut Water

ほのぼのとしたイラストにひかれました。($4.69)
→ Whole Foods Market, Kahala P.014

熱処理をしていないフレッシュなココナッツウォーター。($3.49)
→ Whole Foods Market, Kahala P.014

ローカルブランドのココナッツウォーター。($1.99)
→ Safeway P.050

100％オーガニックで自然な甘み。($3.99)
→ Safeway P.050

「ホールフーズ・マーケット」のプライベートブランド商品。($5.99)
→ Whole Foods Market, Kahala P.014

日本でも人気の「ビタココ」からカフェオレ風味が登場。($3.59)
→ Foodland P.044

これもローカルブランド。シトラス、コーヒー風味もあります。($1.25)
→ Times Supermarkets P.040

NON-GMOのココナッツを使っています。($2.69)
→ Whole Foods Market, Kahala P.014

Coconut Oil

「スペクトラム」の精製ココナッツオイル。においが気になる人、肌が弱い人にはこちらがおすすめ。($8.79)
➡ Target　P.020

「Dr.ブロナー」のココナッツオイルは薄皮を残したまま圧搾しているので香りが引き立ちます。($11.99)
➡ Food Pantry　P.034

料理専用のココナッツオイル。液状だから使いやすい。($10.99)
➡ Whole Foods Market, Kahala　P.014

料理用オイルにはスプレータイプも。($3.49)
➡ Target　P.020

「ホールフーズ・マーケット」のプライベートブランド商品はオーガニック。($13.99)
➡ Whole Foods Market, Kahala　P.014

ファーマーズマーケット (P.144) では、採れたての果実からそのまま飲むフレッシュなココナッツジュースが楽しみ。

Hawaiian Cosmetics
ハワイアン・コスメ

ハワイは知る人ぞ知るコスメの宝庫。世界中の人気アイテムが手に入りますがせっかくならハワイの自然の恵みがぎゅっとつまったものを。日焼けしたお肌のケアにもってこいなのです。

Honey Girl Organics
ハニーガール オーガニクス

オアフ島ノースショアで、農薬や抗生物質を使わない養蜂場で採取されたはちみつがベース。口に入れても安全な成分だけでできています。(左から、フェイシャルローション$19.99、フェイス＆アイクリーム$29.99、リップバーム$6.49)

➡ ABC Stores　P.132

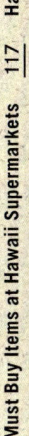

Oils of Aloha
オイルズ・オブ・アロハ

ハワイでとてもポピュラーなコスメブランド。昔からハワイの人がスキンケアに使ってきたククイナッツのオイルから作られ、乾燥肌や敏感肌の人におすすめ。（左から、モイスチャーローション$14.99、ククイオイル$17.99、アイクリーム$35.99）

➡ ABC Stores　P.132

alba Botanica
アルバ・ボタニカ

ハワイの花やトロピカルフルーツなどを凝縮した植物性成分から作られたナチュラルコスメ。（クレンジングミルク$10.99、アイジェル$22.99）

➡ Whole Foods Market, Kailua　P.016

Island Soap & Candle Works
アイランドソープ＆キャンドルワークス

プルメリア、マンゴーなどトロピカルフラワー＆フルーツの甘〜い香りを楽しめます。お土産にも人気のブランド。（ローション各$10.99）

➡ ABC Stores　P.132

Puna Noni
プナ・ノニ

ハワイのスーパーフード、ノニのジュース作りからスタートしたブランド。ノニオイルをたっぷり配合し、あらゆる肌タイプに使えます。（ボディウォッシュ、ボディローション各$10.99）

➡ Whole Foods Market, Kailua　P.016

生活用品
Daily Necessities

毎日の暮らしに欠かせない洗剤やボディソープ、歯磨き粉など。
豊富ななかから、うちにあると楽しくなりそうなパッケージをピックアップ！
最近はナチュラル志向のものがどんどん増えてきています。

「ゲイン」の液体洗剤のなかで、いちばん人気は「ハワイアンアロハ」。1.5kgの重さにもめげず、購入し日本へ持ち帰る人があとを絶ちません。($6.87)
➔ Walmart　P.054

日本ではあまり見かけなくなった、シートタイプの衣類乾燥機用柔軟剤。($5.61)
➔ Walmart　P.054

ディアドロップ型のボトルでおなじみ「メソッド」のディッシュ＆ハンドソープ。生分解性プラスチック容器入りです。($5.99)
→ Whole Foods Market, Kahala　P.014

野菜、フルーツ専用の洗剤。たっぷりスプレーし、水ですすぎます。($7.29)
→ Down to Earth　P.056

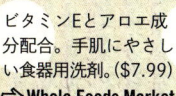

ビタミンEとアロエ成分配合。手肌にやさしい食器用洗剤。($7.99)
→ Whole Foods Market, Kahala　P.014

赤ちゃん用のシャンプー。髪の毛もボディも丸ごと洗えます。($8.99)
→ Whole Foods Market, Kailua　P.016

天然成分の歯磨き粉なのにホワイトニング効果も高いと評判の「トムズ」。($6.49)
→ Walgreens　P.024

カラフルなボックスティッシュがあれば、部屋がパッと明るくなります。($1.99)
→ Safeway　P.050

高品質な天然アロマオイル配合の「イーオー」。(シャワージェル$14:99、バブルバス$13.99)
→ Whole Foods Market, Kailua　P.016

119　Daily Necessities　Must Buy Items at Hawaii Supermarkets

\キッチン雑貨/

Kitchen Sundries

遊び心がいっぱいで、カラフルなキッチン雑貨。「こんなものまで？」なんて、いわないで！こんな雑貨に囲まれていたら、キッチンに立つ時間がぐんと楽しくなって料理の腕も上がるかも！？

スナックの国アメリカですから、こんな専用クリップも。(3個セット$3.59)
⇒ Foodland　P.044

アウトドアでの持ち運びに便利なハンドル付きメイソンジャーは、割れにくいプラスチック製。(各$11.99)
⇒ Target　P.020

スパイスやジャム入れに便利なミニサイズのメイソンジャー ($5.29)。替えのキャップ ($4.79) は色違いで。
⇒ Target　P.020

ハワイアンキルト柄のティータオル。お土産に喜ばれます。(各$9.99)
➡ **Don Quijote** P.030

サンドイッチケース。ちびっこのお弁当入れに。($4.39)
➡ **Foodland** P.044

ドレッシングミキサー。このまま食卓に出せるし、冷蔵庫へも。これ便利です！($17.99)
➡ **Target** P.020

目玉焼きがまん丸に焼けるリング。($4.59)
➡ **Foodland** P.044

少量のオイルや果汁を計るときに便利なメジャービーカー。($10.99)
➡ **Target** P.020

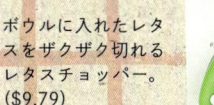

ボウルに入れたレタスをザクザク切れるレタスチョッパー。($9.79)
➡ **Target** P.020

伸縮自在の水切りボウル。($19.99)
➡ **Target** P.020

1/4〜1カップまで計れる、カラフルなメジャーカップ。($5.29)
➡ **Target** P.020

Kitchen Sundries

Must Buy Items at Hawaii Supermarkets

Looks are Important!

ジャケ買いアイテム

海外のスーパーで、お楽しみのひとつがジャケ買い。中身をよく確認しないまま
パッケージやネーミングにひかれ買ってしまうことがあります。
あまり使わないものもごろごろあるのだけれど、それもまた旅の楽しい思い出。

忍者姿のリスの眼力にノックダウン。中身はチリソース。($4.99)
➡ Whole Foods Market, Kahala P.014

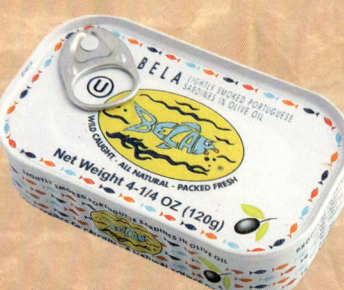

凝ったデザインが多いオイルサーディン缶。缶だけコレクションしたいくらい。($3.49)
➡ Kokua Market P.060

バターを精製して作られる「ギー」。($14.69)
➡ Kokua Market P.060

So Cool!!

「カリブーブレンド」って、どんな味のコーヒー？ ($8.99)
➡ Target P.020

オーガニック味噌「ミソマスター」。この顔に信頼感あり。($11.99)
➡ Whole Foods Market, Kahala P.014

レトルトの水煮トマト。太陽の香りが漂ってきそうなパッケージ。($6.29)
➡ **Whole Foods Market, Kahala** P.014

So Cute!

今すぐ、パンケーキが食べたくなります。($6.49)
➡ **Whole Foods Market, Kailua** P.016

文句なしにかわいい！
($10.99)
➡ **Whole Foods Market, Kailua** P.016

レトロな缶がほしくて買ったマスタード。($9.29)
➡ **Food Pantry** P.034

シロップと間違えそうなボトルは、ケンタッキーの手作りしょうゆ。($7.49)
➡ **Whole Foods Market, Kahala** P.014

キャラ弁のレシピ本。
($14.95)
➡ **Don Quijote** P.030

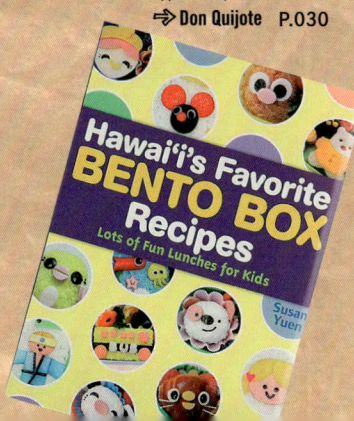

ヒゲ用のワックス。($10.99)
➡ **Whole Foods Market, Kahala** P.014

123　Looks are Important !　Must Buy Items at Hawaii Supermarkets

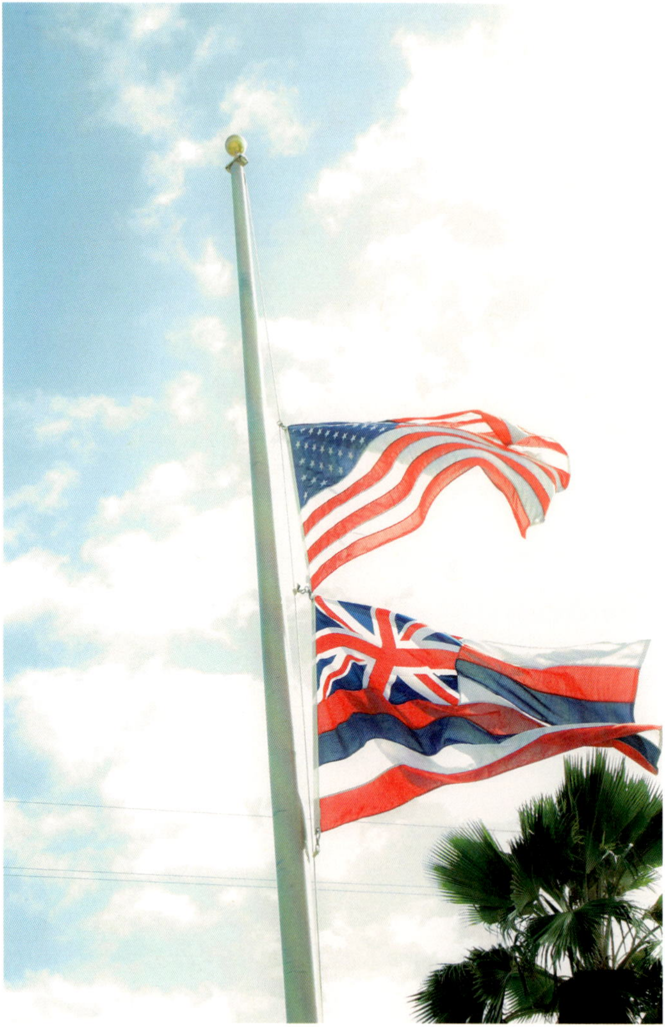

-Local-
Limes
MAUI GOLD
Extra Sweet
Maui Gold
pineapples
99¢/lb

Hawaiian Maid
eggs
Island Fresh
ONE DOZEN
LARGE GRADE A
KEEP REFRIGERATED
Nutrition Facts

Shopping Hints 03

残念な思いをしないために
意外な落とし穴にご注意！

せっかく出かけていったのに、買えなかった！
お土産が没収されてしまった……。
なんて残念なことにならないよう気をつけて。

アルコールの販売は
午前6時～深夜0時まで

　ハワイ州で飲酒が認められているのは21歳以上。購入時にはID（パスポートや運転免許証）の提示を求められます。40歳を過ぎていても、おひげを生やしたオジサマでも、提示を求められて持っていなければ買うことはできません。

　もうひとつ注意したいのが時間です。販売できる時間帯が午前6時～深夜の0時までと決まっているため、たとえ24時間営業のスーパーでも、この時間を1分でも過ぎると買うことはできません。

ずらりと並んだアルコールを目の前にくやしい思いをしないよう、時間を確認して出かけましょう。

粉もの、ビンものは
手荷物にしない

　出国審査前に買ったペットボトルの飲みものや、液体類を機内に持ち込めないことは知られていますが、注意したいのが「粉もの」と「ビンもの」。パンケーキミックスは手荷物検査で中身を調べられることがあり、出国審査に余計な時間がかかる原因に。

　意外な盲点がはちみつやジャム。これは確実に没収され、せっかくのお土産をあきらめることになります。割れないように梱包してスーツケースに入れ、チェックイン時に預ける受託手荷物にします。

かわいいクマのはちみつも、シロップやジャムも、機内に持ち込めません。パンケーキミックスなどの「粉もの」はスーツケースに入れて預けるほうが安心。

PART 3

Convenience Stores, Drug Stores, & Membership Stores

コンビニ、ドラッグストア&
会員制スーパーを使いこなす！

ビーチグッズから食料品まで豊富にそろうコンビニ、
プチプラグッズが豊富なドラッグストア。
会員ならではのお得な価格が魅力のスーパーも
使いこなしてみたい。

Convenience & Drug Stores

コンビニ & ドラッグストア

コンビニ、ドラッグストアでは、意外な掘り出し物が見つかりますよ。

ワイキキのメインストリート、カラカウア通りにあり、ビーチ帰りにも便利なロケーション。

Coco Cove
ココ・コーヴ

ポケバー&デリコーナーが充実。お土産のまとめ買いもおまかせ!

MAP P.156／ワイキキ
2284 Kalakaua Ave., Honolulu
808-924-6677
6:30～23:30（日～23:00）
無休

ワイキキの中心、ロイヤル・ハワイアン・センターの向かい側という絶好のロケーション。ミネラルウォーターやスナック、ハワイ雑貨のほか、定番のお土産ショッピングに便利なコンビニでありながら、スーパー並みの充実度を誇るデリコーナーが自慢です。

店内に入ってすぐ左側にあるポケバーでは、炊き立てのご飯に10種類以上のなかからお好みの味つけを選んでのせ、ポケ丼を作ってもらうことができ、ランチタイムになると近くのオフィスで働くローカルの人たちも並ぶほどの人気ぶり。「温かいご飯にお刺身をのせるのはちょっと……」という声もちらほら聞こえるのですけど、ポケ好きの人なら一度食べるときっと気に入るはず。さらに奥のデリコーナーにはミートローフ、パスタ、サラダなどの惣菜がずらり。カットフルーツや少量パックのサラダ、チーズなども豊富です。

ほかのコンビニよりフード類の種類の多さが群を抜いていて、大型スーパーよりコンパクト。短時間に必要なものをパパッと買いたいとき、これほど頼りになる店はありません。

Coco Cove To Go

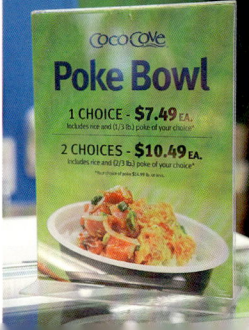

Poke Bowl

1 CHOICE - $7.49 EA.
Includes rice and (1/3 lb.) poke of your choice

2 CHOICES - $10.49 EA.
Includes rice and (1/3 lb.) poke of your choice

すぐに食べられるフード類が豊富。ポケ丼は生ものなので、できたての温かいうちに食べましょう。ポケだけの購入ももちろんできます。

Food Selection 〈フード・セレクション〉

生鮮食料品、デリコーナーはスーパーマーケットにも負けない品ぞろえが魅力。食べきりサイズの少量パックが充実しているのがうれしい。

ハワイアンの主食、ポイ。ポケやカルアピッグに合います。($6.49)

ポテトサラダとキムチ風味のディップ。(各$2.49)

フムスはトルティーヤやパン、野菜につけて。($5.99)

プレッツェルとセットになったフムス。($3.99)

ハワイメイドのフレッシュなサルサ。ビン入りよりずっとおいしい！($7.49)

コンビニの定番、三角サンド。($4.99)

ドリンク類はボトルのかわいさで選んでもいいんじゃない？
(左：$2.39、右：$3.29)

朝食に便利なカットフルーツ。($7.99)

デザートにぴったりのゼリー。($1.49)

フレッシュフルーツもいろいろ。マンゴー($4.79)、ランブータン(1ポンド$7.49)、パイナップル($1.59)はハワイ産。

ワイキキ内のABCストアでデリがあるのはここだけ。アルコール類も充実しています。

ABC Stores
ABCストア

**角を曲がればそこにある
ハワイ生まれの老舗コンビニ**

📍 P.156／ワイキキ
🏠 205 Lewers St., Waikiki
　（インペリアル・ワイキキ1F）
📞 808-926-1811
🕐 6:30〜翌1:00 / 無休
💻 www.abcstores.com

　ハワイのコンビニといえば、まっ先に名前があがるのがここ。ワイキキ内だけでも40店舗以上あり、1ブロックに1軒は必ず見かけます。1日1回どころか、何回もお世話になることも少なくありません。ロケーションによって商品構成を少しずつ変えていて、ビーチの近くならビーチグッズが、ホテル街ならお土産や生活雑貨、フード類が充実しています。

　そのなかでワイキキ最大の店舗が、「インペリアル」というコンドミニアムの1階です。外から見るとチョコレートやコーヒー、マカダミアナッツといった定番のハワイ土産が目立っていますが、奥のデリコーナーへ行くと雰囲気が一変。パスタ、ラザニア、サンドイッチなどの洋風お弁当に交ざり、おにぎり、ざるそば、そうめんまであるのには感激します。また、温かいスープが並び、ショーケースから好みのメインディッシュを選びプレートランチを作ってもらうことも。

　話題の商品をきっちり押さえていることも、さすが。人気のオーガニックコスメが専門店と変わらぬ価格で並び、時間がないときはここでまとめ買いがおすすめ。

Convenience Goods
〈現地調達が便利なグッズ〉

お土産はもちろん
ビーチグッズはじめ
滞在中に必要な雑貨までおまかせ！

ビーチの必需品「ゴザ」($3.99)
からサンスクリーン($11.99)、
サングラス($14.99)も。(浮き輪
$3.99、防水のiPhoneケース
$19.99、防水ケース$7.99)

朝食やピクニック
に便利なフード類。
($0.89〜6.99)

ホテルの部屋でち
ょい飲みにうれし
いミニボトル。
(左から、$5.25、
$2.59、$4.99)

バスソルトはホテルでの
バスタイムやお土産にも。
(各$2.19)

「バーツビーズ」の人気アイテムセット。
($14.99)

ABC Stores

Convenience Stores   133

さすがに本が誇るコンビニ。トラベル用品から薬、デジカメ用SDカードまで、必要なものがきっちりそろっています。

Lawson Station
ローソン・ステーション

**おにぎり＆おでんに感激！
かゆいところに手が届く品ぞろえ**

📍 P.156／ワイキキ
🏠 2255 Kalakaua Ave., Honolulu
　（シェラトン・ワイキキ1F）
📞 808-926-1701
🕐 6:00～翌1:00　無休
💻 hawaiilawson.com/jp

現在、ワイキキ内にローソンは3店舗。そのなかで最大の広さと品ぞろえを誇るのが、「シェラトン・ワイキキ」内のこの店です。自慢は日本米のおにぎりと、日本と同じ味のおでん。「なにもハワイに来てまで、食べなくても……」とおっしゃるのはごもっとも。でもね、ちょっと小腹がすいたときや肌寒い日、アメリカンなボリュームと味つけのレストランに疲れてきたとき、この味に出合うとほっとするのは事実。小さな子ども連れや3世代の家族旅行が多いハワイでは、こういうお店の存在はやっぱり心強いのです。

お土産類は人気のアイテムを厳選しています。ハワイ限定パッケージの「リラックマチョコ」、ローカルの人気スイーツ「バビーズ」のモチアイスを1個から買えるのもうれしい。ビーチへの行き帰りには、カラカウア通りのモアナサーフライダー店が便利。貴重品用のコインロッカー（1日$5）があり、財布やカメラを預けておけば安心して遊べます。

ハワイらしいチャーム（各$7.99）や髪飾り（各$3.99）。

Omiyage Best 3
〈人気のお土産ベスト3〉

ローソンの売れ筋ベスト3。
お土産に迷ったら
これを買っておけば間違いなし！

P1 コナコーヒー・バター
コナコーヒー風味のバタースプレッド。カリカリに焼いたトーストやクラッカーに◎。($7.99)

P2 マノアハニー3本セット
ハワイ産100%のはちみつ。かわいいクマのミニボト3本セット。($11.50)

P3 パンケーキミックス
定番のバターミルクほのか、グアバ、パイナップル、コナッツなどのフレーバーもあります。($5.50)

Onigiri & Oden
〈おにぎり&おでん〉

日本と変わらない味が
ローカルの人にも人気です。

おにぎりは毎日、できたてが
並びます。($2.0〜2.50)

おでん種は$1〜1.50。カツオ
だしが効いたおつゆにウドン
($2.50)も入れられます。

Lawson Station

Convenience Stores 135

Longs Drugs
ロングス・ドラッグス

**プチプラコスメ&スナックの宝庫。
メンバーになればさらにお得！**

📍 P.156／ホノルル
🏠 1450 Ala Moana Blvd., Honolulu（アラモアナ・センター 2F）
☎ 808-941-4433
🕐 6:00 ～ 23:00　休 無休
💻 www.cvs.com

　生鮮食料品以外は、ほぼなんでもそろいます。このアラモアナ店で特に充実しているのは、トラベルサイズのアメニティ。専用のコーナーが設けられ、シャンプー、コンディショナーはじめスキンケア、エチケット用品もあるから、滞在中に必要なものを現地調達したいときに便利です。

　「CVS」のロゴがあるものは、ロングスのプライベートブランド商品。手ごろな価格のうえ、アメリカっぽいパッケージが多く、お土産にもおすすめです。なかでも「デンタル用品はいつもここでまとめ買い」というリピーターは少なくありません。

　リーズナブルなアメリカンコスメとともに、スナック類の発掘もぜひ。ハワイのローカルが大好きな駄菓子や、日本でおなじみのブランドにも珍しいフレーバーがあり、いろいろ試してみるのも楽しいです。

　たびたびハワイへ来る人は、割引価格でお買いものができるメンバー登録をぜひ。会計時に「I'd like to make a membership card」と言えばその場で作れ、ハワイ中のロングスで使えます。カードを提示するときのちょっとハワイ通っぽい気分は、なかなかです。

アメリカ最大級のドラッグストア・チェーン「CVS」の系列店。コンビニのような品ぞろえで、プライベートブランド商品とアメリカンコスメがとにかく安い！

CVS Pharmacy 〈プライベートブランド商品〉

日用品からスキンケアまでそろうプライベートブランド商品。
痛みや発熱など、いざというときのお助けアイテムも。

某社のベビーローションそっくりのパッケージ。敏感肌の大人も使え、この価格はうれしい！（各$2.49）

日焼け後のお手入れに、アフターサンローション（$2.99）と保湿用クリーム（$1.49）。

フェイス用サンスクリーン。（$6.99）

急な痛みや発熱に鎮痛解熱剤（左）と、乗り物酔いが心配な人に酔い止め。（各$6.79）

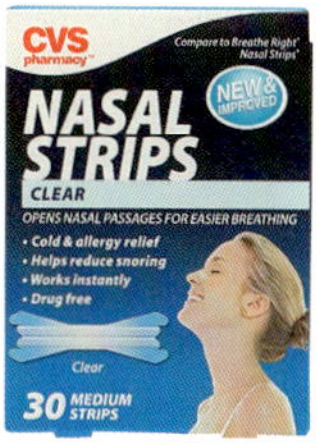

使い捨てのノーズクリップ。（$10.99）

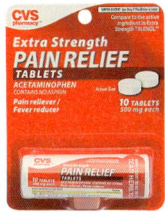

動物の形のデンタルフロス。（$2.99）

イラストがかわいい絆創膏。（$2.27）

Membership Stores

会員制スーパーマーケット

メンバーならではのお得なショッピングができるチャンス！

138

Costco
コスコ

**爆買いしてこそ旨みがわかる。
日本の会員カード、必携です！**

🗺 P.155／オアフ島全図
📍 333 A Keahole St., Honolulu
　（ハワイカイ・タウンセンター内）
📞 808-396-5538
🕐 10:00 〜 20:30
　（土9:30 〜 18:00、日10:00 〜 18:00）　休 無休
💻 www.costco.com/hawaii-tickets.html

　日本でもすでに20店舗を展開する会員制のメガストア「Costco」。ハワイでは「コストコ」ではなく、「コスコ」と発音します。日本の会員証を持っていれば入店できますがツーリストの場合、現地で入会手続きはできないので、くれぐれもカードをお忘れなく！

　倉庫のような店内に天井まで積み上げられた商品は、それだけで大迫力。自社開発ブランド「カークランド・シグネチャー」は、日本に比べ2割前後お買い得です。スーパーでは見かけない業務用サイズのスナックや、サプリメント、コスメ類もおすすめです。

　ただし、スナックのパッケージはひとつひとつが驚くほど大きく、ケース売りの商品もツーリストが持ち帰るには量があり過ぎ。また、レンタカーでなければ行きにくい場所にあるため、そのために車を借りて少量のお買いもので終わってしまってはお得感は今ひとつ。やっぱり大人数で繰り出してシェアしてこそ、醍醐味がわかるというもの。とはいえ、一度くらいは物見遊山気分で出かけてみるのも、それはそれで楽しいのですけれど。

日本各地にもありますが、やはり広さのスケールが違います。

店内を見て歩くだけでも楽しい！ レジ袋の用意はないので、ショッピングバッグを持参するか、無料の段ボールを利用します。

My Recommendations 〈おすすめアイテム〉

日本でもおなじみの「カークランド」から、アメリカらしい大容量のパッケージまで、お買いもの心に火がつきます！

セット売りのコスメがお買い得。(左：$19.99、右：$16.99)

毎日摂りたいサプリメントは、大きなサイズで。(左から、$12.99、$22.99、$16.99)

自社開発ブランドの育毛剤。まとめ買いする男性が多いそう。(6本入り$48.99)

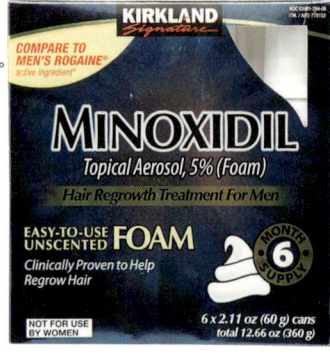

ココナッツオイルは大容量＆2個パック。($26.99)

自社ブランドは日本より2割ほど安め。(左から、$8.49、$9.89、$10.99、$16.49)

フードキーパーは38個セットでこの価格。($24.99)

フルーツグミの小さなパウチが80袋入り。($10.99)

Food Court 〈フードコート〉

お買いものに繰り出す前に、
ここでエネルギーチャージを！

「コスコへ来たら、やっぱりこれを食べなくちゃ！」というほど人気のホットドッグ（ドリンク付き$1.50）、BBQサンドイッチ($4.99)とピザ($1.99)。

ホノルル空港近くの大型店。なかに入ると、たちまち昭和の世界へタイムスリップ。そんなギャップも楽しんでみて。

Marukai Wholesale Mart
マルカイ・ホールセール・マート

**日本食材の品ぞろえはハワイー！
どこか懐かしさ香る、日本食スーパー**

MAP P.155／オアフ島全図
2310 Kamehameha Hwy., Honolulu
808-845-5051
8:00 〜 20:00（日 〜 18:00）／無休
www.marukaihawaii.com

　カリフォルニアを中心にアメリカ本土、ハワイに展開する日本食スーパー。会員制をとっていますが、割引がないことを除けばツーリストも自由にお買いものできます。外観はアメリカ的な大型スーパーなのに、店内に一歩入ると聞こえてくるのは、なんと日本の演歌！　屋台風の惣菜コーナー、盆提灯や熊手、仏壇用品のコーナーまであり、日本のどこか田舎のスーパーを訪れた気分になります。

　最近、ドン・キホーテの系列店になり、商品構成が少し変わったけれど、日本食材に限ればこちらのほうが豊富。お刺身などの鮮魚も、種類が多く価格も抑えめになっています。

　丼マークに「MARUKAI」の文字が入った自社ブランドがいい味出していて、すでに日本では見かけなくなった昭和の匂いが漂うものも。その懐かしさについ手が伸びます。

　店舗はホノルル空港の近くで、ワイキキからは車で20分ほど。アラモアナから近いワード・ウエアハウスの山側にもあり、規模はこより小さいですが、どこか懐かしい雰囲気は同じ。一度、のぞいてみる価値はあります。

Marukai Originals
〈プライベートブランド商品〉

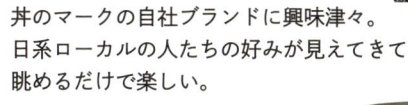

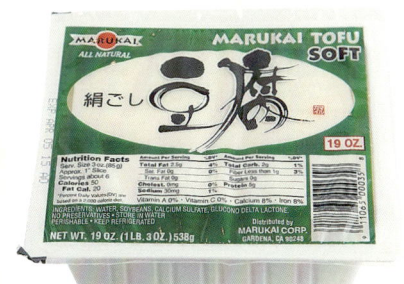

丼のマークの自社ブランドに興味津々。
日系ローカルの人たちの好みが見えてきて
眺めるだけで楽しい。

人気のゆであずき。ハワイではシェーブアイスにのせたり、もちろんおもちにも。($2.99)

みそ汁に冷奴に、ハワイの食卓にも豆腐は欠かせません。($2.19)

レトロな丼マーク、「にしめ昆布」のネーミングにも、ぐぐっときます。($1.79)

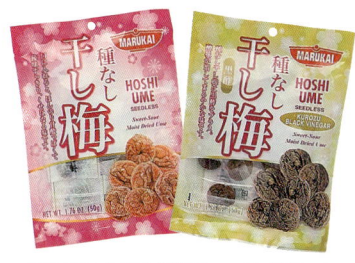

玄米茶、緑茶、ほうじ茶のティーバッグ。(各$1.19)

パッケージにどこか懐かしさが漂う、豆菓子($左：4.99)とあられ(右：$2.69)。

干し梅は人気の駄菓子。ハワイアンの子どもたちも大好きです。(左：$3.99、右：$4.99)

Membership Stores　143　Marukai Wholesale Mart

Shopping Hints
04

@ Waikiki Farmers Market

@ Honolulu Farmers' Market

Farmers' Market 7 Days
毎日が
ファーマーズマーケット

ハワイの生産者が、自分たちが作った農産物を販売するのがファーマーズマーケット。今や観光スポットになった有名マーケットから、近所の人が集まるアットホームなものまで、あちこちめぐってみるのも楽しそうです。

@ Kakaako Farmers' Market

新鮮な食材とともに、ローカルとのコミュニケーションが楽しみなファーマーズマーケット。スーパーに並ぶブランド野菜の農園オーナーさんが自ら販売していることも珍しくありません。

@ Kakaako Farmers' Market

@ Kakaako Farmers' Market

@ KCC Farmers' Market

@ Haleiwa Farmers' Market

@ Waikiki Farmers Market

@ Kailua Farmers Market

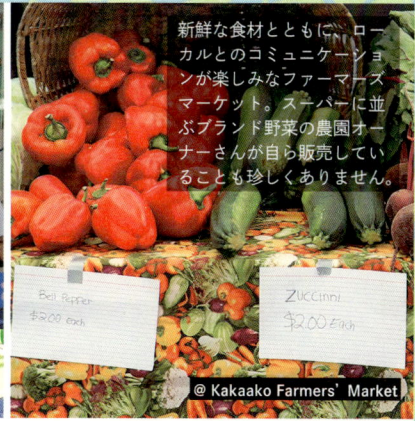

"おいしいハワイ"を探して、島中のマーケットを訪ね歩きましょう!

ファーマーズマーケットには地元の農園直送の野菜やフルーツ、ハワイ産のはちみつやコーヒー、手作りジャムや、採れたての食材で作るプレートランチなどが並びます。農園のオーナーさんや牧場のスタッフ、養蜂家の人たちが自ら自分たちの農産物を販売するため、その生産者を訪ね、有名レストランのシェフがTシャツにサンダル履きというラフなスタイルで買いものにやってきている光景に遭遇することも。

プレートランチの食べ歩きも楽しく、ここで人気が出てレストランのオープンにつながった例も少なくありません。いわば、「ハワイのおいしいもの」が生まれる場所がファーマーズマーケットというわけ。お土産探しにもおすすめのファーマーズマーケットは毎日、島のどこかで催されているので、訪ね歩いてみてはいかがですか。

Farmers' Market Calendar

MON

Ⓐ 6:45 ～ 7:45
People's Open Market

TUE

Ⓘ 6:00 ～ 14:00
Manoa FM

Ⓕ 7:00 ～ 13:30
Fort Street Mall Open Market

フルーツ入りの
タピオカ。Ⓑ

Ⓗ 16:00 ～ 19:00
KCC FM

Ⓑ 16:00 ～ 20:00
Waikiki FM

WED

芝生の上で
ピクニック気分を
楽しめる。Ⓒ

Ⓒ 16:00 ～ 19:00
Honolulu FM

AM

PM

Ⓐ People's Open Market
ピープルズ・オープン・マーケット

MAP P.156／ホノルル
🏠 2712 Kaaipu Ave., Honolulu（マノア・バレー・ディストリクト・パーク内）／🌙 月6:45 ～ 7:45

ほかの曜日にも各所で開催。www.honolulu.gov/parks/dprpom.htmlで場所と日時を紹介しています。

Ⓑ Waikiki Farmers' Market
ワイキキ・ファーマーズマーケット

MAP P.156／ワイキキ
🏠 2424 Kalakaua Ave., Honolulu（ハイアットリージェンシー ワイキキ ビーチリゾート＆スパ内）／🌙 火・木16:00 ～ 20:00

ワイキキ中心のホテル内で週2回開催。パンやフルーツが豊富で、木曜は地ビールも販売。

Ⓒ Honolulu Farmers' Market
ホノルル・ファーマーズマーケット

MAP P.156／ホノルル
🏠 777 Ward Ave., Honolulu（ニール・ブレイズデル・センターの芝生エリア）／🌙 水16:00 ～ 19:00

芝生の上の会場が気持ちいい。仕事帰りのローカルやファミリーが多く開放的な雰囲気。

Ⓓ Kailua Farmers' Market
カイルア・ファーマーズマーケット

MAP P.155／カイルア
🏠 609 Kailua Rd., Kailua（メイシーズ裏の駐車場）／🌙 木17:00 ～ 19:30

プレートランチを食べながらローカル・ミュージシャンの無料ライブを楽しめます。

Ⓔ Haleiwa Farmers' Market
ハレイワ・ファーマーズマーケット

MAP P.154／オアフ島全図
🏠 59-864 Kamehameha Hwy., Haleiwa（ワイメア・バレー公園内のパビリオン）／🌙 木14:00 ～ 18:00

涼しい木陰＆室内で開催アルコールの販売があるのが特徴。園内のハイキングも楽しい。

(注) Famers' Market＝FMと省略しています。開催日時・場所は主催者や会場の都合により変更になる場合があります。

THU	FRI	SAT	SUN
Ⓒ 6:00〜14:00 Manoa FM	Ⓕ 7:00〜13:30 Fort Street Mall Open Market	Ⓗ 7:30〜11:00 KCC FM Ⓖ 8:00〜12:00 kakaako FM	Ⓘ 6:00〜14:00 Manoa FM Ⓙ 8:30〜12:00 kailua Town FM
ノースショアまで足を延ばす価値あり。Ⓔ		手づくりのジャーキー「ダイヤモンドヘッド・ピピカウラ」。Ⓗ	
Ⓔ 14:00〜18:00 Haleiwa FM Ⓑ 16:00〜20:00 Waikiki FM Ⓓ 17:00〜19:30 kailua FM		土曜の朝ごはんはここで。Ⓖ	

Ⓕ Fort Street Mall Open Market
フォート・ストリート・モール・オープン・マーケット

🗺 P.156／ホノルル
🏠 Fort Street Mall, Honolulu（ダウンタウンのキングSt.とホテルSt.の間）🕐 火・金7:00〜13:30

ダウンタウンの路上で催される小ぢんまりとしたマーケット。周辺散策と合わせて訪れて。

Ⓖ Kakaako Farmers' Market
カカアコ・ファーマーズマーケット

🗺 P.156／ホノルル
🏠 1050 Ala Moana Blvd., Honolulu（ワード・ウエアハウス山側駐車場）🕐 土8:00〜12:00

同日のKCCよりローカルの人が多くのんびりした雰囲気。野菜や生花が安くておすすめ。

Ⓗ KCC Farmers' Market
KCCファーマーズマーケット

🗺 P.157／ホノルル
🏠 4303 Diamond Head Rd., Honolulu（カピオラニ・コミュニティ・カレッジ駐車場）🕐 土7:30〜11:00、火16:00〜19:00

一度は訪れてみたい人気NO.1のマーケット。出店数が多くとても賑やかでお土産探しに◎

Ⓘ Manoa Farmers' Market
マノア・ファーマーズマーケット

🗺 P.157／ホノルル
🏠 2752 Woodlawn Dr., Honolulu（マノア・マーケットプレイス内）火・木・日6:00〜14:00

ハワイ大学に近いショッピングモールで開催。出店数がいちばん多い日曜がおすすめ。

Ⓙ Kailua Town Farmers' Market
カイルアタウン・ファーマーズマーケット

🗺 P.155／カイルア
🏠 315 Kuulei Rd., Kailua（カイルア・エレメンタリー・スクール内）🕐 日8:30〜12:00

地元の小学校で開催。木曜のカイルアFMに比べ地元密着型のアットホームな雰囲気が魅力。

プールサイドで日がな1日を過ごすゲストたち。長期滞在のリピーターが多いことが特徴です。

この日、プールサイドでは「ブラディーマリー・パーティー」が開かれていました。

ゆるゆると時間が流れる
ワイキキの奇跡のような癒し空間
The Breakers Hotel
ブレーカーズホテル

　華やかなワイキキのメインストリートに歩き疲れたとき、ふらりと立ち寄る路地があります。コージーなイタリアンや、手作りアイスクリームとサンドイッチの店が並び、通りの空気を吸い込むだけでほっとできる空間。その一角にあるホテルがお気に入りです。

　初めて滞在したときの第一印象は、「ここが、本当にワイキキなの!?」。だって、プールに面したガーデンスイートは、ほとんどのドアが開けっぱなし。部屋の主は自分の家の庭のように、客室とプールサイドを行ったりきたり。日がな1日、パラソルの下でおしゃべりに花を咲かせる老婦人たちがいるかと思えば、デッキチェアでまどろむ人たち。メインストリートまでわずか1ブロックの場所なのに、離島の小さなホテルに滞在しているよ

うな錯覚に陥るのです。そして3～4日もすると、フロントでは名前を告げる前に「ミズ・ナガタ？」といって部屋のキーが渡され、ほかのゲストたちとも自然にあいさつを交わすようになります。

　こんなアットホームなホテルがワイキキのまんなかにまだ残っていたなんて。あちこちで再開発や古い建物のリニューアルが進むワイキキですが、この奇跡のような空間はこのままずっと変わらずいてほしい。そう願わずにはいられません。

P.156／ワイキキ
250 Beachwalk, Honolulu
808-923-3181　FAX 808-923-7174
シングル$140～、ツイン$150～、ガーデンスイート1人：$195、2人：$220、3人：$245、4人：$265、5人：$285　全63室
www.breakers-hawaii.com

プールに面したガーデンスイートのベッドルームとキッチン。すべての客室がキッチン付きです。
シンプルでバスタブはなくアメニティも石けん1つだけですが、タオルやシーツなどもとても清潔。お向かいにABCストアがあるので便利です。

フロント前のソファで迎えてくれるのは、8歳になる三毛猫のマイレ。とはいっても、ごはんの時間以外はいつもお昼寝中。

149

ANAリゾートプロジェクトで
もっと楽しい！ ハワイ旅

お買いものにビーチアクティビティ、さらいにおいしいもがいっぱいのハワイ。ANAホノルル線で実施中の「リゾートプロジェクト」なら、到着前からハワイ気分が盛りあがり、もっと楽しいハワイ旅が実現します。

オススメポイント 1 成田～ホノルル線の増便でもっとハワイが身近になる!?

現在の成田、羽田発着便に加え、2015年7月17日（金）から成田～ホノルル便が増便。日本からの出発時刻は、成田が20：35と21：35の2便、羽田が22：55から選べ、旅のプランニングのバリエーションが広がります。仕事が終わってから空港に駆けつけても余裕で出発できるのも、魅力ですね。

ANAのフライトで、ハワイ旅をもっと楽しく！

機内からハワイ気分が盛りあがる、エコノミークラスのハワイアンメニュー（イメージ）。

オススメポイント 2 到着前からハワイ気分！わくわくの機内サービス

機内でのお楽しみのひとつが食事ですね。ホノルル路線限定のオリジナル機内食では、ハワイアンメニューをご提供。さらに、エコノミークラスの食事にも秘密があり、1食目のトレーマットに「当たりくじ」が出たら、素敵なプレゼントがもらえちゃいます。

また、ANA客室乗務員がおすすめするお店やレストラン、滞在中の過ごし方やお土産情報などを紹介したオリジナルミニガイドブック「LUANA」の用意も。世界の空を飛び回る旅の達人のおすすめだから期待できますね。

現地でのお役立ち情報満載のオリジナルミニガイドブック「LUANA」。

※機内食メニューは時期により変わります。
　「LUANA」のご提供は部数限定のため、なくなり次第終了します。

お子さま向け機内食を「もっとおいしく、もっと楽しくしたい」との願いから結成された"パパママシェフチーム"。

見た目の楽しさだけでなく、栄養バランスにも配慮したお子さま向け機内食メニュー。

オススメポイント 3 小さな子ども連れも安心のサービスが充実

ファミリーのハワイ旅では、子どもたちが機内で退屈しないか気になります。その点、ANAなら心配ご無用。実際に子育てをしているANAのシェフたちが結成した"パパママシェフ"チーム考案のお子さま向け機内食メニュー「デコ弁」は、ひと目見ただけで楽しくなること間違いなし！ カルシウムやビタミンを含む食材や、野菜をふんだんに取り入れた栄養バランス申し分なしのメニューのうえ、おもちゃ入りのお菓子付き。
さらにお子さま向けオーディオイヤホンや低刺激性スキンケア用品の用意もあり、客室乗務員に声をかければ、記念写真の撮影にも気軽に応じてくれます。家族で初めてのハワイ旅もANAなら安心して出かけられます。

※お子さま向け機内食は2〜12歳対象。事前の予約が必要です。

ハワイ旅のお楽しみがもっと広がる！
ANAリゾートプロジェクト

詳しい情報＆予約は… www.ana.co.jp/serviceinfo/international/inflight/guide/info/honolulu

ANA Inspiration of JAPAN | A STAR ALLIANCE MEMBER

≪サービス内容は予告なく変更になる可能性があります。≫

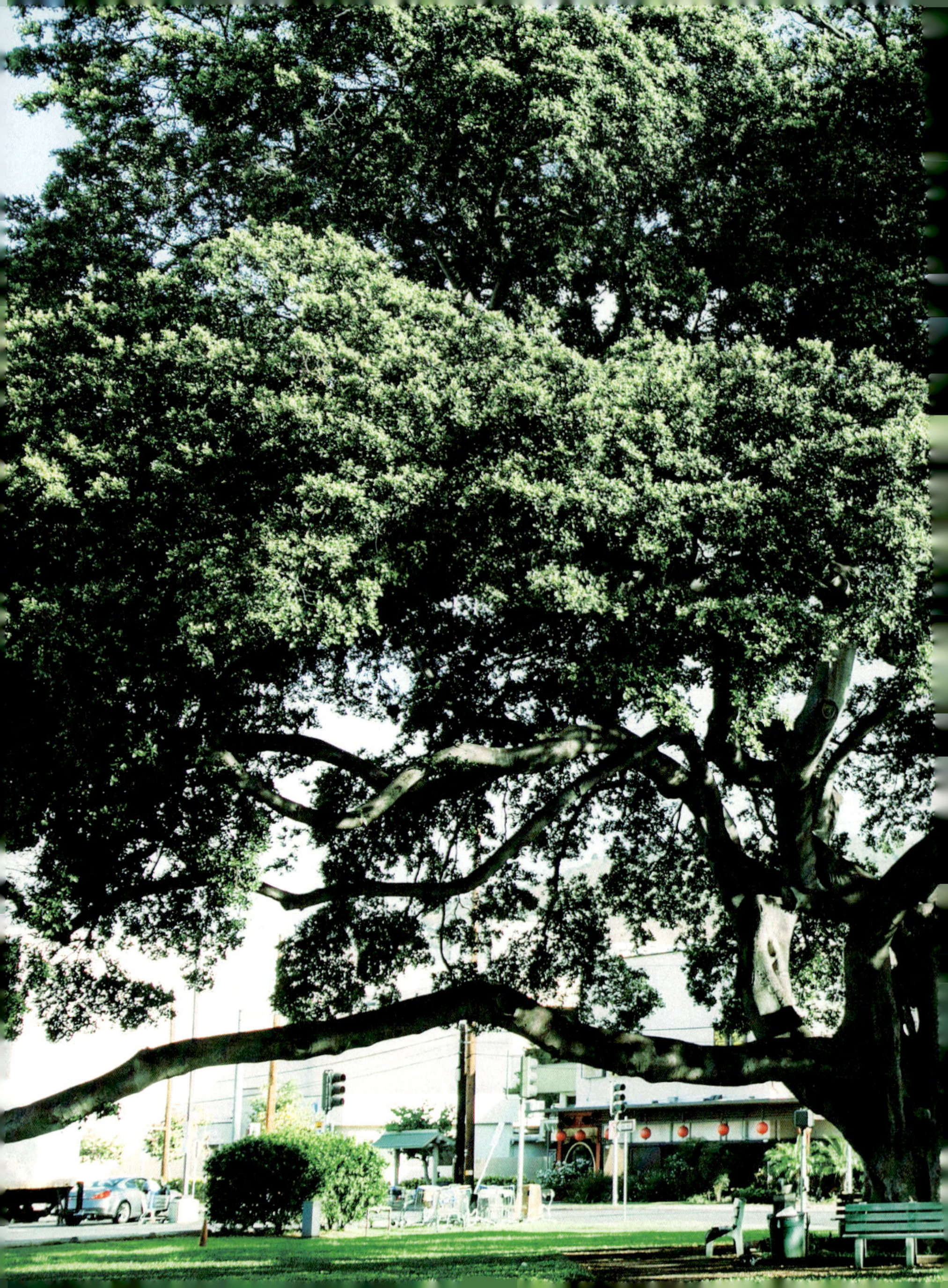

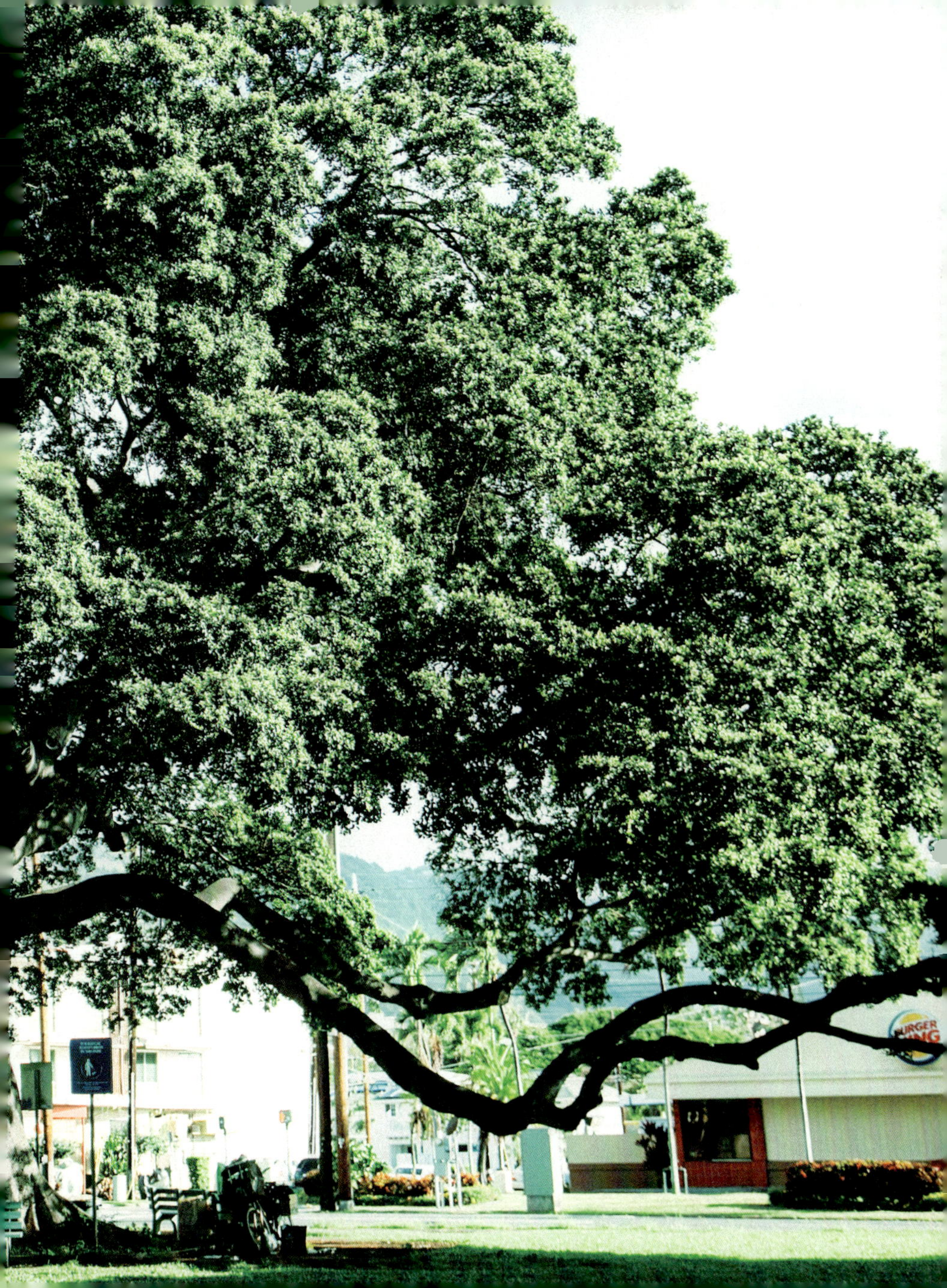
BURGER

ハレイワ / Haleiwa

マツモト・グローサリー・ストア	Matumoto Grocery Store
レイズ・キアヴェ・ブロイルド・チキン P.088	Ray's Kiawe Broilled Chickin P.088
リリウオカラニ プロテスタント教会	Liliuokalani Protestant Church
グラス・スカート・グリル P.087	Grass Skirt Grill P.087
ノースショア・マーケットプレイス	North Shore Marketplace
セレスティアル・ナチュラル・フーズ P.064	Celestial Natural Foods P.064
ハレイワ・ファーマーズ・マーケット P.146	Heleiwa Farmers' Mar P.146
カフク岬	Kahuku P.
サンセット・ビーチ	Sunset Beach
サンセット岬	Sunset Pt.
ワイアレエ	Waialee
ワイメア	Waimea
ワイメア・ベイ	Waimea Bay
ワイメア・バレー	Waimea Valley
ハレイワ	Haleiwa
ワイアルア・ベイ	Waialua Bay
カエナ岬	Kaena Pt.
モクレイア	Mokuleia
ワイアルア	Waialua
ワイアナエ山脈	Waianae Range
カアラ 1232	Kaala 1232
ドール・プランテーション	Dole Plantation
ワヒアワ	Wahiawa
マカハ	Makaha
クニア	Kunia
ミリラニ・タウン	Mililani Town
ワイアナエ	Waianae
マイリ	Maili
ワイケレ・プレミアム・アウトレット	
パール・シテ	Pearl City
ワイパフ	Waipahu
ナナクリ	Nanakuli
パール・ハーバー	Pearl Harbor
マカキロ・シティ	Makakilo City
エヴァ	Ewa
コ・オリナ・リゾート	Ko Olina Resort
バーバース岬	Barbers Pt.

ハワイ諸島 / Hawaiian Islands

- カウアイ島 / Kauai Is.
- ニイハウ島 / Niihau Is.
- オアフ島 / Oahu Is.
- モロカイ島 / Molokai Is.
- ホノルル / Honolulu
- マウイ島 / Maui Is.
- ラナイ島 / Lanai Is.
- ハワイ島 / Hawaii Is.

カイルア
Kailua
カイルア・スクエア
Kailua Square
カイルアタウン・ファーマーズマーケット P.147
Kailua Town Farmers' Market
カイルア・エレメンタリー・スクール
Kailua Elementary School
カイルア・ディストリクト・パーク
Kailua District Park
メイシーズ
Macy's
カイルア・ショッピングセンター
Kailua Shopping Center
P.016 ホールフーズ・マーケット（カイルア店）
Whole Foods Market, Kailua
ロングスドラッグス
Longs Drugs
ターゲット（カイルア店） P.021
Target, Kailua
カイルア・ファーマーズマーケット P.146
Kailua Farmers' Market
Uluniu St.
Maluniu ave.
Aulike St.
Kuulei Rd.
Kihapai St.
Oneawa St.
Hoolai St.
Kainehe St.
Kailua Rd.
Hekili St.
Hahani St.
Hamakua Dr.
N
0
200m
オアフ島全図
Oahu Is.
N
0
5km
ライエ
Laie
ポリネシア・カルチャー・センター
Polynesian Cultural Center
ハウウラ
Hauula
プナルウ
Punaluu
クアロア・ランチ
Kualoa Ranch
コオラウ山脈
Koolau Range
ワイカネ
Waikane
カハルウ
Kahaluu
セネター・フォングズ・プランテーション&ガーデンズ
Senator Fong's Plantation & Gardens
平等院
Byodo-in Temples
カネオへ・ベイ
Kaneohe Bay
モカプ岬
Mokapu Pt.
モカプ半島
Mokapu Pt.
カネオへ
Kaneohe
カイルア
Kailua
アロハ・スタジアム
Aloha Stadium
ターゲット（ソルトレイク店） P.020
Target,Salt Lake
Likelike Hwy.
Pali Hwy
ヌウアヌ・パリ展望台
Nuuanu Pali Lookout
ワイマナロ・ベイ
Waimanalo Bay
ワイマナロ
Waimanalo
ビショップ博物館
Bishop Museum
タンタラスの丘
Tantalus
ダウンタウン
Downtown
パンチボウル
Punchbowl
P.156・157 ホノルル
ホノルル国際空港
Honolulu International Airport
P.142 マルカイ・ホールセール・マート
Marukai Wholesale Mart
ホノルル
Honolulu
ダイヤモンド・ヘッド
Diamond Head
P.138 コスコ
Costco
ハワイ・カイ
Hawaii Kai
シーライフ・パーク・ハワイ
Sea Life Park Hawaii
セーフウエイ（ハワイカイ店） P.050
Safeway,Hawaii Kai
アイナ・ハイナ・ショッピングセンター
Aina Haina Shopping Center
ハナウマ・ベイ
Hanauma Bay
フードランド・ファームズ P.062
Foodland Farms
83
836
H3
61
63
99
78
66
92
H1
72

ワイキキ
Waikiki

- Ala Wai Canal
- Ala Wai Blvd.
- Aloha Dr.
- Manukai St.
- Seaside Ave.
- Nohonani St.
- Nahua St.
- Walina St.
- Kaiolu St.
- Lewers St.
- Kuhio Ave.
- Kalaimoku St.
- Launiu St.
- Kanekapolei Ave.
- Kaiulani Ave.
- Waikolu Way
- Lauula St.
- Saratoga Rd.
- Beachwalk
- Lewers St.
- Kalakaua Ave.
- Prince Edward St.
- Koa Ave.
- Uluniu Ave.
- Liliuokalani Ave.

- ラグジュアリー・ロウ・アット・2100カラカウア・アヴェニュー
- P.146 ワイキキ・ファーマーズマーケット / Waikiki Farmers Market
- Tギャラリア ハワイ by DFS
- P.128 ココ・コーヴ / Coco Cove
- ハイアット・リージェンシー・ワイキキ・ビーチ・リゾート&スパ / Hyatt Regency Waikiki Beach Resort & Spa
- P.034 フード・パントリー / Food Pantry
- P.148 ブレーカーズホテル / The Breakers Hotel
- キングス ビレッジ / King's Village
- ロイヤル・ハワイアン・センター / Royal Hawaiian Center
- ABCストア P.132 ABC Stores
- インペリアル・ワイキキ / The Imperial Waikiki
- ワイキキ・ビーチ / Waikiki Beach
- ワイキキ・ビーチ・ウォーク
- シェラトン・ワイキキ / Sheraton Waikiki
- ワイキキ / Waikiki
- P.134 ローソン・ステーション / Lawson Station

- タンタラスの丘 / Tantalus
- P.146 ピープルズ・オープン・マーケット / People's Open Market
- ホノルル美術館スパルディング・ハウス / Honolulu Museum of Art, Spalding House

0 — 200m

- パンチボウル / Punchbowl
- Wilder St.
- Dole St.
- Poki St.
- Metcalf St.
- Bingham St.
- P.056 ダウン・ト / Down
- フォスター植物園 / Foster Botanical Garden
- Magellan St.
- Lunalilo St.
- Kinau St.
- Keeaumoku St.
- Young St.
- S. King St.
- フォート・ストリート・モール・オープン・マーケット P.147 / Fort Street Mall Open Market
- ホノルル美術館 / Honolulu Museum of Art
- Beretania St.
- ペットコー P.070 / Petco
- ドン・キホーテ P.030 / Don Quijote
- S. King St.
- Kaheka St.
- Amana St.
- パラマ・スーパーマーケット P.0 / Palama Supermarket
- ダウンタウン / Downtown
- Fort Street Mall
- イオラニ宮殿 / Iolani Palace
- King St.
- ニール・ブレイズデル・センター / Neal Blaisdell Center
- P.054 ウォルマート / Walmart
- ウォルグリーン P.024 / Walgreens
- Bishop St.
- Alakea St.
- P.146 ホノルル・ファーマーズ・マーケット / Honolulu Farmers' Market
- Kapiolani Blvd.
- Kona St.
- Piikoi St.
- アロハ・タワー・マーケットプレイス
- Hotekauwila St.
- Queen St.
- Hopaka St.
- ニジヤ・マーケット P.068 / Nijiya Market
- Kalakaua Ave.
- P.147 カカアコ・ファーマーズ・マーケット / Kakaako Farmers' Market
- ワードセンターズ
- アラモアナ・センター / Ala Moana Center
- Ward Ave.
- Auahi St.
- Ala Moana Blvd.
- ワード・ウエアハウス / Ward Warehouse
- アラ・ワイ・ヨット・ハーバー / Ala Wai Yacht Harbor
- Ala Moana Blvd.
- ロングス・ドラッグス P.136 / Longs Drugs
- ケワロ湾 / Kewalo Basin
- Channel St.

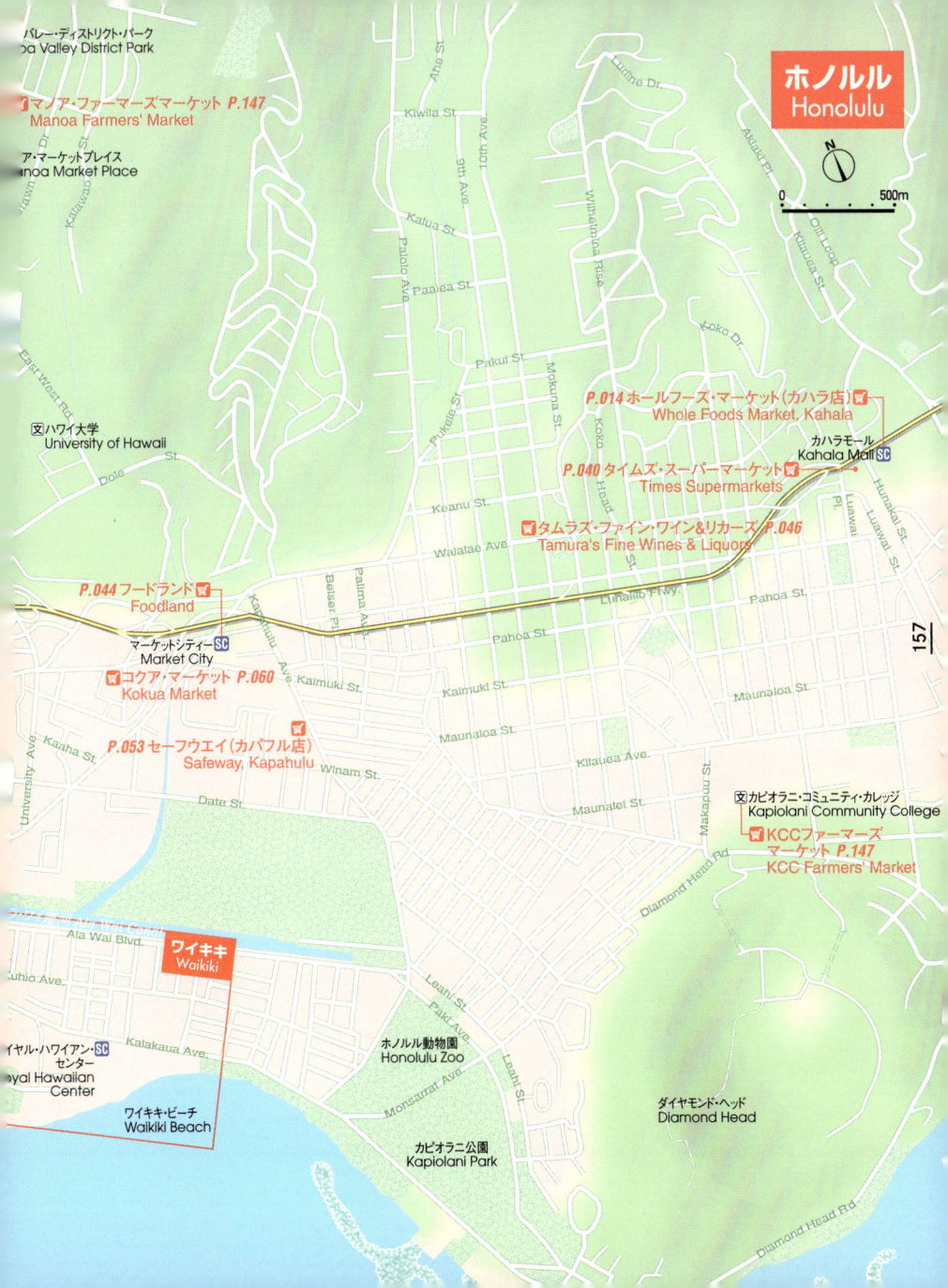

ホノルル
Honolulu

バレー・ディストリクト・パーク
Valley District Park

マノア・ファーマーズマーケット P.147
Manoa Farmers' Market

ア・マーケットプレイス
Manoa Market Place

ハワイ大学
University of Hawaii

P.014 ホールフーズ・マーケット（カハラ店）
Whole Foods Market, Kahala

カハラモール
Kahala Mall

P.040 タイムズ・スーパーマーケット
Times Supermarkets

P.046 タムラズ・ファイン・ワイン＆リカーズ
Tamura's Fine Wines & Liquors

P.044 フードランド
Foodland

マーケットシティー
Market City

コクア・マーケット P.060
Kokua Market

P.053 セーフウエイ（カパフル店）
Safeway, Kapahulu

カピオラニ・コミュニティ・カレッジ
Kapiolani Community College

KCC ファーマーズ マーケット P.147
KCC Farmers' Market

ワイキキ
Waikiki

ロイヤルハワイアンセンター
Royal Hawaiian Center

ワイキキ・ビーチ
Waikiki Beach

ホノルル動物園
Honolulu Zoo

ダイヤモンド・ヘッド
Diamond Head

カピオラニ公園
Kapiolani Park

INDEX

あ

ウォルグリーン……024
Walgreens
ドラッグストア

ウォルマート……054
Walmart
ディスカウントスーパー

ABCストア……132
ABC Stores
コンビニエンスストア

か

カイルアタウン・ファーマーズマーケット…147
Kailua Town Farmers' Market
ファーマーズマーケット

カイルア・ファーマーズマーケット…146
Kailua Farmers' Market
ファーマーズマーケット

カカアコ・ファーマーズマーケット…147
Kakaako Farmers' Market
ファーマーズマーケット

グラス・スカート・グリル……087
Grass Skirt Grill
プレートランチ

KCCファーマーズマーケット…147
KCC Farmers' Market
ファーマーズマーケット

コクア・マーケット……060
Kokua Market
ナチュラル＆オーガニックスーパー

ココ・コーヴ……128
Coco Cove
コンビニエンスストア

コスコ……138
Costco
会員制スーパー

さ

セーフウエイ（カパフル店）……053
Safeway, Kapahulu
アメリカンスーパー

セーフウエイ（ハワイカイ店）……050
Safeway, Hawaii kai
アメリカンスーパー

セレスティアル・ナチュラル・フーズ…064
Celestial Natural Foods
ナチュラル＆オーガニックスーパー

た

ターゲット（カイルア店）……021
Target, Kailua
ディスカウントスーパー

ターゲット（ソルトレイク店）……020
Target, Salt Lake
ディスカウントスーパー

タイムズ・スーパーマーケット……040
Times Supermarkets
ローカルスーパー

ダウン・トゥ・アース……056
Down to Earth
ナチュラル＆オーガニックスーパー

タムラズ・ファイン・ワイン＆リカーズ…046
Tamura's Fine Wines & Liquors
リカーショップ

ドン・キホーテ……030
Don Quijote
日本食スーパー

な

ニジヤ・マーケット……068
Nijiya Market
日本食スーパー

は

パラマ・スーパーマーケット……066
Palama Supermarket
韓国スーパー

ハレイワ・ファーマーズマーケット…146
Heleiwa Farmers' Market
ファーマーズマーケット

ピープルズ・オープン・マーケット…146
People's Open Market
ファーマーズマーケット

フード・パントリー……034
Food Pantry
ローカルスーパー

フードランド……044
Foodland
ローカルスーパー

フードランド・ファームズ……062
Foodland Farms
ナチュラル＆オーガニックスーパー

フォート・ストリート・モール・オープン・マーケット…………147
Fort Street Mall Open Market
ファーマーズマーケット

ブレーカーズホテル……148
The Breakers Hotel
ホテル

ペットコー……070
Petco
ペット用品

ホールフーズ・マーケット（カイルア店）…016
Whole Foods Market, Kailua
ナチュラル＆オーガニックスーパー

ホールフーズ・マーケット（カハラ店）…014
Whole Foods Market, Kahala
ナチュラル＆オーガニックスーパー

ホノルル・ファーマーズマーケット…146
Honolulu Farmers' Market
ファーマーズマーケット

ま

マノア・ファーマーズマーケット……147
Manoa Farmers' Market
ファーマーズマーケット

マルカイ・ホールセール・マート……142
Marukai Wholesale Mart
会員制スーパー

や・ら

レイズ・キアヴェ・ブロイルド・チキン…088
Ray's Kiawe Broilled Chickin
プレートランチ

ローソン・ステーション……134
Lawson Station
コンビニエンスストア

ロングス・ドラッグス……136
Longs Drugs
ドラッグストア

わ

ワイキキ・ファーマーズマーケット…146
Waikiki Farmers Market
ファーマーズマーケット

永田さち子 Sachiko Nagata

国内外の旅、食、ライフスタイルをテーマに雑誌を中心に寄稿。旅先へはランニングシューズを持参し、街角ウォッチングとともに身近な自然や小動物、かわいいものとの出会いを楽しみに快走中。著書に『自然のしごとがわかる本』(沼澤将夫と共著、山と溪谷社)、ハワイ本では宮澤拓との共著『よくばりハワイ』、『よくばりハワイ ビッグ・アイランド編』(翔泳社)ほか。海外旅行情報サイト『Risvel』(http://www.risvel.com/)にトラベルコラム「よくばりな旅人」を連載中。

宮澤 拓 Taku Miyazawa

ハワイの気候、風土、人々に魅せられて移住を決意。10年以上経った現在でも、撮影のたびに新しい発見は尽きず、ハワイの奥深さを実感する日々。雑誌・広告などの撮影のかたわら、「自分たちの目線でハワイの魅力を伝えたい」という思いから、年1〜2冊のペースでハワイ本を製作中。著書に永田さち子との共著『よくばりハワイ』シリーズ、『ハワイお買いものBOOK』(ともに翔泳社)、『幸せになるハワイのパンケーキ&朝ごはん』(ダイヤモンド社)ほか。

文	永田さち子
写真	宮澤 拓
ブックデザイン	清水佳子
現地コーディネート	MAIKO IZON マイコ・アイゾン
地図製作	㈱千秋社
企画編集	岡田大和

取材協力
ANA
The Breakers Hotel ブレーカーズホテル

Supermarket in Hawaii
ハワイのスーパーマーケット

2015年7月7日 初版第1刷発行
2015年8月3日 初版第2刷発行

著 者　永田さち子／宮澤 拓
発行者　増田義和
発行所　実業之日本社
　　　　〒104-8233
　　　　東京都中央区京橋 3-7-5 京橋スクエア
　　　　電話(編集)03-3535-2393
　　　　　　(販売)03-3535-4441
　　　　http://www.j-n.co.jp/

印刷所　大日本印刷株式会社
製本所　株式会社ブックアート

©Sachiko Nagata, Taku Miyazawa, 2015
Printed in Japan
ISBN978-4-408-45560-0 (学芸)

落丁・乱丁の場合は小社でお取り替えいたします。実業之日本社のプライバシー・ポリシー(個人情報の取扱い)は、上記サイトをご覧ください。本書の一部あるいは全部を無断で複写・複製(コピー、スキャン、デジタル化等)・転載することは、法律で認められた場合を除き、禁じられています。また、購入者以外の第三者による本書のいかなる電子複製も一切認められておりません。